Weitere Titel des Autors:
Rettet das Zigeunerschnitzel
Finger weg von unserem Bargeld!
Schluss mit euren ewigen Mogelpackungen!
Raue Sitten, freche Lügen
Seid ihr noch ganz bei Trost!
Nicht auf unsere Kosten!

Titel auch als Hörbuch erhältlich

Peter Hahne

Das Maß ist voll

In Krisenzeiten hilft keine Volksverdummung

QUADRIGA

Dieser Titel ist auch als Hörbuch und E-Book erschienen

MIX
Papier aus verantwortungsvollen Quellen
FSC® C014496

Originalausgabe

Umschlaggestaltung: Tanja Østlyngen unter Verwendung
eines Motivs von © Olivier Favre, Odenthal
Satz: fuxbux, Berlin
Gesetzt aus der Proforma
Druck und Einband: GGP Media GmbH, Pößneck

Printed in Germany
ISBN 978-3-86995-120-1

7 6 5 4 3

Sie finden uns im Internet unter quadriga-verlag.de
Bitte beachten Sie auch: lesejury.de

Inhalt

Die neue Meinungsfreiheit im diversen Deutschland

So schnell steht man am Pranger. So einfach sind die Gleichsetzungen und (Ab)rechnungen. So rasch werden meine schlimmsten Ahnungen und Warnungen auch persönlich-biografische Realität. Vor einem Vortrag zum Reformationstag 2021 im Schwäbischen veröffentlichte eine kompetente Kollegin in einer alles andere als konservativen Zeitung ein Interview mit mir zu naheliegenden Themen: was mich mit der Region verbindet, was ein Moderator mit dem Reformator gemeinsam hat, was die Kernthesen meines Vortrags (Luthers »Jesus allein«) sein würden und warum ich den Veranstaltern verbunden bin.

Tage danach erschien auch ein Bericht in der Zeitung, präzise bis hinein in die Zahlen. Nicht selbstverständlich heute. Darauf folgte ein erster Leserbrief, der alles erfüllte, was ich längst ahnte: Jede Verschwörungstheorie war inzwischen von der Realität weit überholt. Der Schreiber warf der Zeitung vor, einem »Coronaleugner«, »einem (!) Herrn Hahne«, ein Forum geboten zu haben, und empörte sich aufgrund dieser von ihm frei erfundenen Behauptung, dass die Zeitung mich zu meinem Vortrag befragt hatte: »... Solch einer Person eine Bühne zu bieten und stellt ihm fast eine gesamte Seite zur Verfügung, um seine Thesen auszubreiten.« Der pralle Neid quillt aus allen Knopflöchern!

Was für Thesen? Von irgendwelchen »Thesen« (außer natürlich Luthers) war im Interview gar nichts zu lesen gewesen. Nein, diesem Herrn ging es in Wahrheit um etwas ganz anderes: Er suchte ein Feindbild und nahm mich zur Zielscheibe. So glaubt er zu wissen, »wo ein Herr Hahne (wenigstens ist er noch ein Herr) zwischenzeitlich zu verorten ist: nämlich im tief rechten Milieu von Verschwörungstheoretikern und Coronaleugnern, u.a. schreibt er für neurechte Publikationen, wie z.B. *Tichys Einblick.*« Ein bekennend geimpfter Roland Tichy ist wohl kaum ein unbelehrbarer Leugner dessen, wogegen er sich trotz nachgewiesener (auch tödlicher) Nebenwirkungen hat stechen lassen. Wow, was für eine Logik! Da haben die »Neurechten« wirklich was Altlinkes verpasst: dialektischen Materialismus.

Tja, so schnell brennt die Hütte, und so schnell entstehen existenzbedrohende Verleumdungen, Verschwörungstheorien und Fakenews. Nur, weil ich (unabhängig von jener Veranstaltung) etwas tue, was ich vor fünfzig Jahren gelernt habe: ein kompetenter, glaubwürdiger Journalist zu sein, der seinen Beruf ernst nimmt. Der Fragen in alle Richtungen stellt und keine Position unterdrückt. Denn das wäre, so der Schriftsteller Umberto Eco, ein bekennender Linker, sogar ein Zeichen von Faschismus. *Den ewigen Faschismus* fasst Eco in seinem gleichlautenden Aufsatz in 14 Merkmalen zusammen. Unter Punkt 4 und 5 schreibt er dabei mahnend: »In der modernen Kultur preist die wissenschaftliche Gemeinschaft den Dissens als ein Mittel zur Vermehrung des Wissens. Für den Ur-Faschismus ist Dissens Verrat. Außerdem ist Dissens immer auch ein Zeichen von Vielfalt. Der Ur-Faschismus wächst und sucht sich Konsens, indem er die natürliche Angst vor dem Andersartigen ausbeutet und vertieft.« Indem er sich also gegen Meinungsvielfalt und Pluralismus wendet.

Ich hätte früher nie gedacht, einmal mit konsequenten Linksliberalen wie den Chefredakteuren Stefan Aust oder Heribert Prantl völlig einer Meinung zu sein, was unseren Beruf »in Corona-Zeiten« angeht.

Prantl analysierte auf *sueddeutsche.de* messerscharf in schon fast heiligem Zorn, den ich bei vielen konservativen oder christlichen Kollegen völlig vermisse: »Eine Demokratie kann an Ausgangsbeschränkungen und Kontaktverboten sterben, so notwendig sie kurzzeitig sein mögen.« Es sei Aufgabe der Presse, »unverhältnismäßige Grundrechtseingriffe anzuprangern und nicht als Beitrag zur Volksgesundheit schönzureden ... Die Presse ist nicht dafür da, den Menschen den Mund zuzubinden.«

Aber es sind nicht nur die altbekannten Namen der Pensionäre. Auch junge Kollegen wagen sich aus der Deckung des Mainstreams. Ich lernte Boris Reitschuster auf der Bundespressekonferenz kennen als einen Investigativjournalisten von Format, der nervig den Mächtigen auf den Zahn fühlt. Oder Tim Röhn, der zu den Top Ten der »Reporter des Jahres« gehört und in der *Welt* einen dramatischen Appell über das Versagen der Medien in Corona-Zeiten schrieb: »Ich bleibe skeptisch. Das ist mein Job.« Er sei nicht Journalist geworden, »um die Narrative der Mächtigen zu verbreiten, sondern sie zu hinterfragen«. Der bekannte britische Journalist Hugh Greene, einst Generaldirektor der *BBC*, urteilt aus langer Berufs- und Lebenserfahrung: »Nennen Sie mir ein Land, in dem Journalisten und Politiker sich vertragen – und ich sage Ihnen: Da ist keine Demokratie.«

Ich hatte in jenem Zeitungsinterview auf die kritische (!) Frage der Kollegin, wie ich mit Kritik umgehe, kritisch mit

Willy Brandt geantwortet: Was Vorurteile und Vorwürfe unter dem bloßen Deckmantel von Kritik angeht, halte ich's mit dem SPD-Kanzler: »Nicht mal ignorieren.« Aber ich bin sehr dankbar, dass viele Teilnehmer der unvergessenen Veranstaltung diesen Angriff nicht ignoriert haben: Die anschließenden Leserbriefe waren ein wahres Labsal und zeugten von wachem Verstand der Leser.

Übrigens: Am Tag zwischen Veranstaltung und Leserbrief konstituierte sich der neu gewählte Bundestag mit einer Rekordzahl an Mitgliedern. Eng an eng saßen die Abgeordneten ohne Masken, als gehörten sie alle zu einer Familie. Obwohl bereits bekannt war, dass auch Geimpfte gefährdet und gefährlich sind. Sogar die mit dem euphemistisch als »Auffrischungsimpfung« hochgejubelten Piks.

Die Stadt Weimar (stand früher ja mal für das Land der Dichter und Denker) hatte soeben beschlossen, Zahlen zu verschweigen und Fakten nicht zu benennen, was der Oberbürgermeister mit der eigenartigen »Begründung« und im Verschwörungs-Ton zu rechtfertigen versuchte: »Die Angabe der Personen, die mit Impfung im Klinikum behandelt werden, verzerrt die Realität deutlich und spielt damit Coronaleugnern und Impfgegnern in die Hände.« Mehr Coronaleugnung geht nicht!

Gerade hatte Fußballnationalspieler Joshua Kimmich erklärt, sich noch nicht impfen zu lassen. Und dies sachlich begründet. Doch die abgewählte Bundesregierung (mit welcher Kompetenz eigentlich?) forderte tatsächlich dessen Impfung. Sein Kollege Mesut Özil, Demokratie-Gegner und Despoten-Genosse, wurde von derselben Bundesregierung noch in Schutz genommen. Freie Meinungsäußerung also nur für die, die dem »geistigen Wandlitz« genehm und willfährig sind.

Bei meiner Veranstaltung war, im Gegensatz zum Bundestag, der Platz sehr begrenzt, weil viele Stühle pandemiebedingt frei bleiben mussten. Ohne die vorgeschriebenen Abstände hätten dreimal so viele Besucher in die Halle gepasst. Und selbst der angebliche »Coronaleugner« Peter Hahne trug seine Maske (im Zeitungsfoto belegt). Er zitierte allerdings das prophetische Lied von Siegfried Fietz (von ihm stammt die Melodie des Bonhoeffer-Gedichtes *Von guten Mächten wunderbar geborgen ...*) von vor vierzig (!) Jahren: »Wir tragen viele Masken und haben kein Gesicht, wir sprechen eine Sprache, versteh'n einander nicht ...« Besser kann man die heutige Lage nicht auf den Punkt bringen! Wir wollen uns einfach nicht verstehen ... richtiger: Wir sollen es nicht. Die Spaltung des Volkes bis in Ehen und Vereine hinein hat System.

In seiner letzten Rede als Parlamentspräsident kam – leider viel zu spät! – noch einmal eine knallharte Ansage von Wolfgang Schäuble. Nach Leserbrief-Lesart ist das jetzt also Deutschlands oberster Coronaleugner und Verschwörungstheoretiker: »Die wissenschaftliche Logik beruht nicht nur auf Konsens, sondern gerade auf Ambiguität, Zweifel und Widerspruch.« Die Politik hätte auf »verschiedene Disziplinen hören (müssen), die Soziologie, die Ökonomie, Psychologie und Pädagogik«.

Klarer Seitenhieb: Die abgewählten Herrschenden hatten ja allein auf Virologen gehört, und auch dort nur auf die gefälligen. Die aufschreienden Kinderärzte und Jugendpsychologen, die Altenpfleger und Hausärzte waren zum Beispiel in den »Expertenrunden« des Kanzleramtes nicht willkommen. Willkommenskultur hat eben ihre Grenzen.

Sieht so die neue Meinungsfreiheit im diversen Deutschland aus? Darf man Selbstverständliches nicht mehr selbstverständlich sagen? Wer Diversität vertritt und Pressefreiheit einfordert, kann nur dankbar sein für das breite Spektrum in unserem Land. Das will uns ja nun auch die neue Bundesregierung garantieren. Im Koalitionsvertrag heißt es klipp und klar mit Blick auf das von Claudia Roth, einstige Managerin der Musikkapelle »Ton, Steine, Scherben«, geführte Staatsministerium: »Wir stehen für eine diskriminierungsfreie Kultur- und Medienpolitik ... Wir wollen Kultur in ihrer Vielfalt als Staatsziel verankern und treten für Barrierefreiheit, Diversität, Geschlechtergerechtigkeit und Nachhaltigkeit ein.«

Das nachhaltige Nachfolgende in diesem Buch nimmt Maß an diesem Anspruch der bunten Vielfalt von Meinungen. Ich breche die Barriere der Einseitigkeit und bereichere die Diversität, wie es sie bei uns ja bereits gibt. Ein diverser bunter Bogen von *taz* bis *Tichys Einblick*, von *Junge Freiheit* bis *Neues Deutschland*, von der *Süddeutschen Zeitung* bis zur *Achse des Guten*. Und das ist auch gut so! Ganz im Sinne der neuen Bundestagspräsidentin, die gleich in ihrer Antrittsrede Vielfalt und Diversität anmahnte.

Ganz im Sinne von Bertolt Brecht: »Wer die Wahrheit nicht weiß, der ist bloß ein Dummkopf. Aber wer sie weiß und sie eine Lüge nennt, der ist ein Verbrecher.« Und im Sinne von Jesus Christus, der vor 2000 Jahren sagte, was auch zum Gründungs- und Wappenspruch der Universität Freiburg wurde: »Die Wahrheit wird euch frei machen.«

Pandemie der Panik

Ein Wagen hält neben mir mit quietschenden Reifen. Voll besetzt mit einer fünfköpfigen Familie. Der Verkehr an einer der wichtigsten Ausfallstraßen Berlins kommt fast zum Erliegen. Geht es um Leben und Tod? Aus dem geöffneten Fenster schreit die Beifahrerin schrill: »Woher haben Sie das? Wo gibt es das?« Was meint sie mit »das«? Ich schaue ratlos an mir herunter und sehe nur, dass ich gerade eine Packung Klopapier vom Drogeriemarkt nach Hause trage ... Die Familie geht dann strategisch geschickt vor: Vater, Mutter und Kinder betreten nacheinander den Laden, wo die wertvolle Mangelware bereits rationiert ist: pro Person »nur« sechs Rollen. Hochzufrieden tragen sie ihre Beute zum Wagen, als hätten sie der Pandemie ein entscheidendes Schnippchen geschlagen.

Als der zweite Lockdown beginnt, gibt es schon andere Werte, und der Verkehrsminister (!), der Doktortitel falsch führt, verspricht im Namen der Bundesregierung beschwörend: »Einen Klopapier-Mangel wird es diesmal nicht geben.« Man setzt eben Prioritäten.

Lohnt es sich noch, über Corona zu schreiben? Ich hatte diese Krankheit schon, bevor es das (oder den) Virus überhaupt offiziell gab. Ich lag vier Tage mit Fieber im Bett wie nie im Leben zuvor. Mit allen »Rundum-Erkrankungen« höchst gefährdet, wie ich heute weiß. Doch damals in dem Bewusstsein: Grippe geht in sieben Tagen vorbei – mit oder ohne Medizin und Mediziner. Allerdings war ich als Genießer etwas beunruhigt, dass Erdbeermarmelade und Heringssalat irgendwie gleich schmeckten.

Heute spricht selbst die WHO von Grippe, allerdings etwas gefährlicher als die gewohnte, an der zum Beispiel 2018 allein in Deutschland in wenigen Wochen – von der Öffentlichkeit nahezu unbemerkt – mehr als 28 000 Menschen starben. Kein Bundespräsident hielt deswegen Traueransprachen, und es gab auch keine Gedenkminute im Bundestag. Nichts. Viele starben auf den Gängen der überfüllten Krankenhäuser. Viele angesteckt in den Hotspots der Viren: den überfüllten Weihnachtsgottesdiensten. Gut, dieses Problem haben die Kirchen inzwischen erfolgreich »gelöst«: Seit zwei Jahren ist das Fest des Lebens gestorben: Selbstauflösung ist auch eine Lösung.

Heute sagt mir (fast) jeder Arzt: Seien Sie froh und dankbar! Hätten Sie unter dem Eindruck der täglichen regierungsamtlichen Horrornachrichten gewusst, was es sein könnte, hätten Sie natürlich den Arzt gerufen. Der wäre auf Nummer sicher gegangen: ab in die Charité. Dort hätte es geheißen: Da kommt ein prominenter Privatpatient, im Schlepptau die *BILD*-Zeitung. Alle Register ziehen: Zur Sicherheit auf die Intensivstation! Zum Wochenende dann Notbesetzung mit einem ängstlichen Assistenzarzt: Bevor der mir stirbt, lieber beatmen ... Das hätte mein Todesurteil sein können, wie sich in einem hohen Prozentsatz der Fälle gezeigt hat. Da war es physisch wie psychisch schon besser – so das Urteil vertrauenswürdiger Mediziner –, ahnungslos überlebt zu haben und jetzt als Genesener die gewohnte Freiheit genießen zu können. Ich habe Corona sozusagen »als Schwede« erlebt. Gott sei Dank! Die Hysterie hat nämlich viele Opfer: nicht zuletzt die Wirtschaft, die Bildung, die Zukunft unserer Kinder. Es hat keinen Sinn mehr zu streiten, auch in diesem Buch nicht. Jeder kommt mit seiner Biografie daher: Der eine kennt tote Ungeimpfte, die andere Impftote mit Dreimal-Piks. Ich gehöre zur zweiten Gruppe. Schauerlich, wie Fakten »gefakt« werden. Doch die Positionen sind bekannt, sie sind klar, sie sind festgefahren. »Bekehren« lässt sich niemand mehr. Solch einen Erfolg wie der Corona-Glaube hat keine Religion der Welt. Alle sind »bekennend«.

Zum ersten Lockdown (was für ein verniedlichendes Wort!) schrieb ich: Das Löschen darf nicht teurer sein als der Brand. Inzwischen löschen wir einen Zimmerbrand, doch die verschiedenen Löschmittel zerstören das ganze Haus. Etage für Etage. Ein Haus reif zum Abriss. Und genau das scheint die Absicht: Es entsteht eine völlig neue Gesellschaft, befreit von Grundgesetz, Glauben, Gemeinschaft. Es zählt nur noch das »G« von blindem Gehorsam. Hat die Stiftung Warentest eigentlich schon mal untersucht, welche Form von Gehirnwäsche am gründlichsten ist? Sie untersucht doch Spülmittel – oder zum Jahresende 2021 Masken: 14 von 15 der gängigsten sind völlig unbrauchbar, ja sogar schädlich. Hat man das irgendwo gelesen?! Merkt denn keiner, mit welchen hilflosen Lügen die Autoritäten sich durchmogeln? Bayerns Ministerpräsident Söder und sein Hamburger Kollege ließen sich beim dreisten Lügen erwischen: Sie hatten den Impfstatus »unbekannt« einfach den Ungeimpften zugerechnet. Pure Panik-Propaganda. FDP-Mann Kubicki: Es seien schon Leute für weniger zurückgetreten.

Meine zweite These neben dem Feuerlöschen gleich zu

Beginn der pandemischen Panik: Jede noch so schlimme Verschwörungstheorie wird bald von der Realität weit überholt. Beispiele: Es geht um den »Great Reset«, die Umwertung aller Werte, es geht um Pharma-Profit und politische Macht, es wird gelogen und betrogen bei Testzentren, Intensivbetten, bei Inzidenz-Zahlen und dem RKI ... Korruption feiert Hochkonjunktur, und die Politik wird in ihrer Unfähigkeit Virologen-abhängig. Diese »Verschwörungstheorien« und viele mehr sind zu hundert Prozent eingetroffen.

Ein Beispiel für viele: Masken! Monatelang waren sie angeblich völlig unnötig, ja sogar schädlich! Klar, es gab ja keine. Wie in jeder gescheiterten Planwirtschaft wurden die unerreichbaren Güter bekanntlich zu einem verderblichen Luxus erklärt. Dann die Kehrtwende: Im Missionshäkelkreis bastelten fromme Frauen aus Baumwolltüchern Masken. Und die Kanzlerin, ganz besorgte Mutti, erklärte offiziell im Bundestag: Man könne diese wunderbaren Masken (ich kann das »Nase-Mund-Schutz« nicht mehr hören) ja so schön bei sechzig Grad waschen. Dass sie zur Virenabwehr gänzlich untauglich waren, störte nur wenig.

Das war nicht die einzige Waschanleitung. Die kam zum Beispiel bei einem Abendessen zum Befehlsempfang für das Bundesverfassungsgericht. Sie hatte den Zusatz vergessen: ... wie das Gehirn. Darin übertrafen sich schließlich die Mainstream-Medien.

Masken wurden erst interessant, als die Industrie ihre guten Beziehungen zu chinesischen Geschäftspartnern spielen ließ und einige Spitzenpolitiker darin ein Geschäftsmodell witterten: Bei einem war es die Ehefrau, beim anderen der Sohn. Zwei der prominentesten CSU-Politiker bereicherten sich direkt und ohne Umwege. Aus anfänglicher »Verschwörungstheorie« wurde bittere Wahrheit.

Oder die »Mär« vom Pharma-Kapitalismus. Inzwischen vom Fake zum Faktum mutiert. Der prominente Virologe Alexander Kekulé warf den Unternehmen mangelnde Forschung vor: Sie wollten zunächst ihr altes Zeug loswerden, von dem längst erwiesen war, wie wenig es nützt. »Immunisierung«, jubelte die Schlagzeile der *FAZ*. Aus einem Jahr Schutz wurden zehn Monate, dann acht und schließlich ein halbes Jahr. Die »Zehn kleinen Maximalpigmentierten« lassen grüßen .... Und der böse Kritiker Kekulé wurde »weggesäubert«, ebenso wie ein bayerischer Gesundheitsamts-Leiter und ein bayerischer Ethikrat-Professor. Kritiker mundtot machen: eine Verschwörungstheorie? Nein, bittere Realität!

Der harmlose Nachfrager Boris Reitschuster flog aus der Bundespressekonferenz, der harmlose Podcast *Indubio* der *Achse des Guten* aus *YouTube*. Ganz nebenbei wurde damit auch ein Henryk M. Broder, der seine halbe Familie in den KZs verlor, in seiner Wirkung stark eingeschränkt. In der Corona-Politik (wie übrigens auch in der Klimapolitik) bricht ein totalitärer »moralischer« Rigorismus sich Bahn, der alles wegfegen möchte, was es an demokratischen Freiheiten in diesem Land gibt. Broder riss in einem Video verzweifelt sein Hemd auf – wie man einst im biblischen Volk Israel zum Zeichen von Trauer und Entsetzen sein Gewand zerriss. Darunter ein T-Shirt: »Ich bin Jude. Ich darf das!« Ich darf kritisieren, meine Meinung sagen. So wie jeder Bürger nach dem Grundgesetz auch. Doch das Bürgertum ist verstummt.

Wenn sich »die Wissenschaft« doch so sicher ist. Wenn die Politik parteiübergreifend (bis auf die AfD, Kubicki und Sarah Wagenknecht) mit dem Brustton der Überzeugung einen Lockdown nach dem anderen beschließt und das schwerwiegende Versprechen »Keine Impfpflicht!« zu einer Mogelpackung pervertiert ..., wenn man sich doch so sicher ist: Warum darf Opposition nicht sein? Warum die Angst vor anderen (wissenschaftlichen) Meinungen? Warum »Kontaktsperre« in Talkshows? Warum Demo-Verbot? Warum werden die Kritiker nicht überall zu Runden Tischen gebeten, um denen mal so richtig die (wissenschaftliche) Meinung zu geigen? Diesen Quer- und Falschdenkern, diesen Covidioten ... Wer keine Argumente hat, zieht Mauern hoch, schließt aus und ein, macht mundtot. Warum haben achtzig Prozent der Bevölkerung Angst vor den restlichen zwanzig?

Könnte das damit zu tun haben, dass man sich da oben gar nicht so sicher ist? Und dass man sich zwei lange, wertvolle Jahre lang ziemlich verrannt hat? Rund um die Jahreswende 2021/22 drehte sich der Wind als Erstes in England. Linke Lockdown-Lobbyisten wie Star-Kolumnist Owen Jones vom *Guardian* schrieben nach einer Kehrtwende um 180 Grad: »Wir müssen einsehen, dass Zweifel an den Corona-Schutzmaßnahmen nicht bedeuten, dass man gleich Covid-Leugner oder Verschwörungsfantast ist.« Ein prominenter *BBC*-Moderator bezweifelt, dass jeder Covid-Intensivpatient auch (allein) ein solcher ist: »Nach zwei Jahren Massenhysterie müssen wir langsam zur Vernunft kommen«, und er erinnert an den frommen Oxford- und Cambridge-Gelehrten C. S. Lewis und seine *Chroniken von Narnia*: »Der

Schnee beginnt zu schmelzen, und die böse Hexe verliert ihre Zauberkraft.«

Der alte Aristoteles hat wohl recht. »Einen Fehler durch eine Lüge zu verdecken heißt, einen Flecken durch ein Loch zu ersetzen.« Ja, das Bild unserer Gesellschaft, der Regierenden und ihrer Hof-Wissenschaft, der Hof-Medien, der heuchlerischen Kirchen und ideologischen Parteien gleicht einem riesigen Schweizer Käse. Es ist erst zwei Jahre her und doch schon von den meisten vergessen. Und von diesem Vergessen der Bürger profitiert die Parallelwelt der Herrschenden und hangelt sich von Wahl zu Wahl weiter. Schillernd schwadronierte die »Elite« Anfang 2020: Nutzen wir die Zeit zur Entschleunigung, zur Neubesinnung auf das Wesentliche, entdecken wir wieder den Wert der Familie. Wir werden aus der Zeit der Pandemie besser herauskommen, als wir hineingegangen sind. Was für billige Kalendersprüche!

Der bekannte Zukunftsforscher (!) Matthias Horx fantasierte unter Beifall von Medien und Politik darüber, dass jetzt eine »musizierende Gesellschaft« entsteht, die den Wert der Kultur wiederentdeckt. Selbst fromme Leute sahen es, religiös überhöht, geradezu als Gottesgeschenk, jetzt endlich mal »zur Besinnung zu kommen«. Mehr Zynismus geht nicht. Viele Ehen und Familien, besonders unsere Zukunft, die Kinder, sitzen doch jetzt auf den Trümmern ihrer Existenz. Schuldenberge und Bildungsarmut. Da bleiben für das Musizieren nur noch das Klagelied und der Trauermarsch.

Und der größte Hohn ist längst vergessen: Wir sollten uns um 19 Uhr auf die Balkone stellen, um zu singen und den »Helden der Pandemie« zu applaudieren. Im Nachhinein fasst man es nicht, wie man auf diesen Irrsinn kommen konnte. »Die Helden brauchten keinen Applaus, sondern Kohle«, sagte mir ein Pfleger, dessen Frau Polizistin ist. Heute haben sie weniger im Portemonnaie als vorher. Die galoppierende Inflation frisst alles auf, weil die Politik aufs falsche Pferd setzte. Anders als Schweden, Texas, Florida oder mancher ehemalige Ostblockstaat.

Jetzt bleibt nur noch die Panik, damit niemand diese Fehler bemerkt und jemanden zur Rechenschaft fordert.

Es ist schwerer, Fehler zuzugeben, als bei seiner falschen Meinung zu verharren, analysierte schon Albert Einstein. Das gilt im Zweifelsfall auch für mich.

Das Virus der Spaltung

Sie stehlen sich aus der Verantwortung. Die geistige Demenz des Vergessens hat die Regierten befallen. Die Regierenden die Pandemie der Verantwortungslosigkeit. Symptomatisch: Nach der krachenden Wahlniederlage der CDU/CSU stellten die Saarländer Peter Altmaier und Annegret Kramp-Karrenbauer ihre errungenen Mandate zur Verfügung. Die beiden pfeifen auf das Vertrauen der Wähler und faseln von Verjüngung durch die Nachrücker. Und die naive Presse bläst ins gleiche Horn. Die Wahrheit: Zwei Minister machen sich skandalös aus dem Staub, der Wirtschaftsminister (Corona-Kollateralschäden) und die Verteidigungsministerin (Afghanistan-Scheitern).

Nach der Amtsübergabe an die Ampel war von den Merkel-Ministern nichts mehr zu hören und zu sehen. Höchstens zur Karriereplanung unter dem neuen CDU-Chef. Kein

Wort zu den verheerenden und folgenschweren Irrtümern bei den Corona-Maßnahmen. Der größte Gesundheitsminister aller Zeiten hatte sogar »vergessen«, genügend Impfstoff zu bestellen. »Die Maßstäbe sind völlig verrutscht«, kommentiert die *WELT*.

Minister heißt Diener (des Volkes). Doch das Volk ist bedient und geht auf die Straße. Kerzen und Gebete wie 1989. Die Polizei hält für das Versagen der Politik den Kopf hin. Und so spaltet sich die Gesellschaft bis in die kleinste Zelle. Am Tag, als die führende Religionsbeamtin der EKD vollmundig erklärt, sie sei für die Impfpflicht (»Es ist mittlerweile gesichert, dass keine erkennbaren gesundheitlichen Schäden von einer Impfung ausgehen«), erzählt mir ein geschiedener Taxifahrer, dass er von seiner Ex-Frau verklagt wurde, weil er sich weigert, die drei Kinder impfen zu lassen. Auf dem Rücken der Kinder ein ideologischer Kampf. Kitas und Schulklassen spalten unschuldige Kinder in die Kategorien »geimpft« und »ungeimpft«. Und keiner ruft: Stopp! Keine erkennbaren Schäden? Wer diese ungeheure Verschwörungstheorie verbreitet, ist ein Coronaleugner. Wer das »Gegenmittel« verharmlost, verniedlicht die Ursache. Theologen und Journalisten gebärden sich gern als allwissende Kernkraft-, Flüchtlings-, Klima- und Corona-Experten. Da träumt der Brunnenfrosch vom großen Ozean ...

Das Virus der Spaltung hat unser Land wie ein Krebsgeschwür zerfressen. Es entzweit Ehen und Familien, Nachbarschaften, Gemeinden, Vereine, Arbeitsplätze, einfach alles. Diese Kollateralschäden sind unheilbar, dagegen ist kein Kraut gewachsen. Kein Impfen, noch nicht mal eine Kopfschmerztablette. Was mir führende Schulpsychologen,

Leiter von Jugendämtern oder der einfache Streifenpolizist und die Kita-Erzieherin erzählen, macht mich krank. Hinter Wohnungstüren der bürgerlichsten Häuser herrscht das Grauen, die Folgen des ewigen Eingesperrt-Seins. Der kleinste Laden spaltet Kunden nach »Gs«. Ohne jede Regierungs-Reaktion bleibt diese Horrorzahl: Nahezu 500 Kinder wurden während des zweiten Lockdowns bundesweit wegen eines Suizidversuchs in Kliniken behandelt. Das entspricht einem Anstieg um 400 (!) Prozent gegenüber der Zeit vor der Pandemie. Ein Verbrechen!

Bayerns Söder ist für ein Gesetz, »um *Telegram* abzuschalten«. Meinungsfreiheit war gestern. Und die Medien schweigen. Der Weltärztebund-Chef verunglimpft voller Verachtung Gerichte, die die ominösen 2G-Regeln stoppen, als »kleine Richterlein«. Nicht besser der CDU-Gesundheitsminister in Nordrhein-Westfalen: »Ärzte golfen lieber samstags, als zu impfen.« Politiker bedienen den Stammtisch. Hemmungslos wird das Volk gespalten und aufgehetzt.

Beliebt ist auch das Rache-Motiv. Bayerns Gesundheitsminister fordert eine Malus-Regelung für Ungeimpfte bei den Krankenkassenbeiträgen. Eine Spitzen-Linke nennt das einen »kleingeistigen Rachefeldzug«. Sie hat recht. Auge um Auge, Zahn um Zahn. Darunter machen's auch die Kirchen nicht: »Impfe deinen Nächsten wie dich selbst.« Raus ihr jungen Frauen, die ihr Angst vor den Impf-Folgen habt. Hebe dich weg, Satan! Noch ein Fußtritt für die Ausgestoßenen, inquisitorisch »Irrgläubige« genannt. Nun sind es die Grünen, die die Polizei »im Zweifel zu Schlagstöcken und Pfefferspray gegen Corona-Demonstranten« aufrufen.

Und Kanzler Scholz krönt das Ganze mit dem alle Realitäten negierenden Satz: »Die Gesellschaft ist nicht gespalten.« Dabei hatte er doch so gut angefangen: »Ich bin der Kanzler auch der Ungeimpften.« Schon im Wahlkampf meinte er treffend: »Die Impfwilligen sind Versuchskaninchen.« Was denn sonst?! Wir lassen uns doch in Serie impfen mit einem Serum, das völlig unerprobt ist.

Wenigstens etwas Humor liefert die Kult-Kolumne *Zippert zappt* in der *WELT*: »Was gilt wann, wo, für wen und wie lange? ... Wie viele Böller dürfen Ungeimpfte in einer Sackgasse ohne Wendehammer zu Silvester zünden, und wie viele Geimpfte können dabei zusehen? Haben dreifach Geimpfte automatisch die Lizenz zum Bleigießen? Und wo kann man eigentlich einen Fondue-Set mit 1,50 Meter langen Gabeln kaufen?« Letztlich alles traurige Pointen. Als Therapie helfen auch Humor, Ironie und Sarkasmus. Oder ganz einfach die Wahrheit. Denn in Krisen hilft keine Volksverdummung mehr. Das Maß ist voll. Zum Jahreswechsel dann die Corona-Wende: Laut INSA glauben nur noch 32 Prozent der Deutschen, dass die Zahlen stimmen. Das Vertrauen ist weg. Das allabendliche TV-RKI-Roulette eine Farce. Zwei verlorene Jahre.

Menschengemacht

Das Maß war voll, als das Ergebnis der letzten Bundestagswahl feststand. Da sollte es wohl ein Ende haben mit der wochenlangen Volksverdummung, was die Ursachen der Flutkatastrophe an der Ahr betrifft. Vorher glaubte man damit noch Stimmung und schließlich Stimmen machen zu können. Doch das ging gründlich schief: Die Ober-Klima-Katastrophen-Panik-Gurus à la Baerbock und Söder wurden vom Wähler bitter bestraft.

Auch Kanzlerin Merkel glaubte uns noch – mitten in den Trümmern wahlwerbewirksam in Schlamm und Dreck stehend – weismachen zu können, es läge am Klimawandel, an der Erderwärmung, am aktuellen CO_2-Ausstoß, dass so etwas Schreckliches passieren konnte. Also: Nix wie raus aus den Dreckschleudern namens Autos, Flugzeug, Schwerindustrie. Rettet die Ahr, Deutschland und die ganze Welt!

Aber schon der Bürgermeister des am schlimmsten betroffenen Ortes Schuld stahl der großen »Klimakanzlerin« zu deren sichtlichem Entsetzen die Show. Unter Tränen verwies er auf jene Fluten, als CO_2 höchstens aus Menschenmund und Rindermaul strömte, nicht aber aus Autos und Flugzeugen: die verheerenden Fluten von 1804 oder 1910 oder gar die Magdalenen-Flut von 1342. Klar, da war das Luftfahrt-Aufkommen besonders stark. Auch der motorisierte Straßenverkehr …

Was hatte die schreckliche Flut vom Sommer 2021 mit Klimawandel und CO_2-Ausstoß zu tun? Was war daran menschengemacht? Die Kollegen der *FAZ* listeten das am 29. September, also kurz nach der Wahl, präzise auf. Lieber zu spät als gar nicht. Und das Zauberwort »menschengemacht« reduzierte sich plötzlich auf Dinge, die genau jene betrafen, die sich im Flutwahlkampf optische und alarmistische Vorteile zu verschaffen glaubten: die Politiker.

So waren nach dem vorletzten verheerenden Hochwasser im Jahr 1910 Sperren und Staumauern in den Seitentälern der Ahr geplant gewesen. Die hätten auch jetzt entscheidend geholfen. Doch wo ist die Geld-Flut versickert? Man fasst es kaum: Man baute dafür den Nürburgring. Von Menschen erdacht und menschengemacht! Von alters her zeigt sich im Ahrtal, wer von Hochwassern verschont blieb: die auf Anhöhen erbauten Burgen und Klöster. Die neuen Siedlungen dagegen wurden geradewegs in Überschwemmungsgebieten errichtet. Wider alle Vernunft und den Empfehlungen der Experten zum Trotz. Man habe, so sagen Wissenschaftler heute übereinstimmend, keinerlei Lehren aus verheerenden jeweiligen Jahrhundertfluten wie 1804 oder 1910 gezogen. Das sei eben immer »eine politische Abwägung«. Aha! Also »menschengemacht« heißt: politikergemacht. Nicht CO_2, sondern Sorglosigkeit und Fahrlässigkeit der Regierenden.

Experten der Universitäten Bonn und Hildesheim kommen zu dem Schluss: Feldwege hätten nicht asphaltiert werden dürfen, die Fichten-Monokultur sei fahrlässig gewesen, der Maisanbau in der Gefahrenzone hätte »blanke Böden« mit sich gebracht. Nicht zuletzt die Flurbereinigung der 1970er Jahre im Weinbau hätte die Katastrophe von 2021 begünstigt. Alles also menschengemacht! Nur anders, als die Klima-Agitatoren uns in ihren Angstszenarien weismachen wollen.

Kein Wunder, dass nun »der Mensch« in Haftung und Verantwortung genommen wird. Oder dieses elende »Wir«, das den Herrschenden im Flutwahlkampf so drohend von den Lippen kam: Wir alle sind schuld. Nein, nein und noch mal: nein! Es ist das Politiker-Versagen, das nahezu kriminell war: Es gab noch nicht mal Sirenen, die hätten warnen können. Die sind vielmehr abgebaut worden, offenbar in der irrigen Annahme, dass man so ein »vorsintflutliches« System im digitalisierten 21. Jahrhundert nicht benötigt! An den Zuflüssen der Ahr war bereits mittags die Katastrophe da, trotzdem ertranken am unteren Flusslauf noch um Mitternacht die Menschen, weil sie nicht gewarnt worden waren. Ja, das war wahrlich menschengemacht.

Die bittere Bilanz: einhundertvierundachtzig Tote, Tausende wurden verletzt, Verwüstungen unvorstellbaren Ausmaßes, dreiundsechzig Brücken zerstört, Schäden von über fünf Milliarden Euro. Menschengemacht? Ja, aber anders, als es uns die hauptverantwortlichen Menschen weismachen wollen. Das liebliche Ahrtal, bekannt für Rotwein und Radwege, ist eine geschundene Region. Menschengemacht! Die Bürger fühlen sich von den Politikern im Stich gelassen. Statt Aufbauhilfe faselt man lieber von Klimawandel.

Rassistischer Antirassismus

Manches muss für die Ewigkeit festgehalten werden. Zumindest jedoch für die Geschichtsbücher. Damit künftige Generationen den Irrsinn ihrer Altvorderen schwarz auf weiß lesen können. Und damit sie wissen, warum die Gesellschaft so ist, wie sie dann womöglich sein wird. Apropos nächste Generation: Man muss das, was Jüngeren widerfährt, hochrechnen auf deren späteres Leben. Das ergibt in der Summe dann das Bild der kommenden Gesellschaft.

Beispiel Schule: Wenn ich die Statistiken über den dortigen Anteil von Zuwanderern lese oder auf die Schulhöfe in meiner Nachbarschaft schaue, dann ist das wahrscheinlich ein exaktes Abbild unseres Landes in zwanzig Jahren. Genauso wie in den Schulklassen heute wird es dann auf allen Ebenen unserer Gesellschaft aussehen. Nicht nur mit Blick auf Mehrheitsverhältnisse. Auch was Kultur, Bildung oder Religion angeht.

Man braucht gar nicht zu werten, man muss es nur wissen, was auf uns zukommt. Viele betrachten das als »willkommene Bereicherung«, so die Grünen im Einklang mit dem herrschenden Zeitgeist der CDU/CSU. Auch die Kirchen setzen dem nichts mehr entgegen. Im Gegenteil: Sie huldigen dem Islam als Friedensreligion und finden es wichtiger, diese eingeschifften jungen Mittelmeer-Männer mit Gender als mit Christus zu konfrontieren. Unsere Sprache zerstören wir bereits im Gender-Wahn selbst, dazu bedarf es keiner Zuwanderung.

Und an den Universitäten wird eine Generation von Lehrern, Pfarrern, Juristen, Politikern und Journalisten ausgebildet, die von ihrer eigenen Kultur und Sprache nichts mehr wissen wollen und sogar die Naturwissenschaften nur noch unter »antirassistischen« Gesichtspunkten wahrnehmen werden. Gegen diesen ideologischen Tsunami waren die 68er bloß ein lindes Lüftchen. Es wird einem jetzt schon angst und bange vor so viel ideologischer Verblendung und missionarischer Volksverdummung. Eine Vorhut dieser absurden akademischen Volkserzieher sind die AStA-Studenten, die eine Stelle für die (von Steuergeldern finanzierte!) »Antidiskriminierungsberatung des Referent_innenrats der Humboldt-Universität zu Berlin« (36 000 Studenten, bekannt für ihren vorauseilenden Gehorsam in Fragen politisch korrekter Lehre und Forschung) ausgeschrieben haben.

Darin heißt es: Der/die/das Berater_in soll »einen Raum schaffen, in dem sich Betroffene von rassistischer Diskriminierung wohlfühlen und ihre Erfahrungen teilen können«. Das gelinge erfahrungsgemäß am besten, »wenn der_die Berater_in Schwarz oder als Person of Color positioniert« sei. Deswegen bitte man »weiße Menschen, von einer Bewerbung für diese Beratungsstelle abzusehen«. Dagegen werde die Bewerbung von »disableisierten Personen mit dem Hinweis auf § 122 SGB IX bevorzugt berücksichtigt«.

Abgesehen davon, dass ich als alter weißer Mann nur Bahnhof verstehe von der verquasten Ausdrucksweise dieser fremden- und lernschwachen-feindlichen Sprache und Schreibe (die alten SED-Bürokraten würden vor Neid auf diese Art von krausem Neusprech wohl erblassen): Es hat sich bei den Humboldt-Student_in*nen (m/w/d) offenbar noch nicht herumgesprochen, dass man mal fix die falsche Norm des Sozialgesetzbuches zitiert hat. Ach, alles Peanuts. Hauptsache gender- und color-gerecht. Die neue Dummheit in ihrem Lauf ...

Empörung im Netz, auch aus den »bürgerlichen« Parteien: »Diese Selektion nach Hautfarbe ist ein klarer Verstoß gegen Artikel 3 des Grundgesetzes, weil hellhäutige Bewerber von der Besetzung ausgeschlossen werden sollen.« Oder: »Die Stellenanzeige ist rassistisch und diskriminierend. An diesem Beispiel zeigen sich die Auswüchse linker Identitätspolitik, die unsere Gesellschaft immer mehr spaltet.« Oder: »Dieser absurde Vorgang zeigt, welche Blüten das Beauftragten- und Betroffenenwesen treibt. Studentische Gremien, die dem links-grünen Zeitgeist nachlaufen, verstoßen wissentlich gegen Recht und Gesetz.«

Oder: »Die in der Stellenbeschreibung aufgeführten Bedingungen, nach denen sich Menschen mit weißer Hautfarbe nicht bewerben sollen, sind gesetzeswidrig und in krasser Weise diskriminierend. Rassismus darf nicht mit Rassismus bekämpft werden.« Stimmt! Eine Selektion der Bewerber anhand der Hautfarbe verstößt gegen das Allgemeine Gleichbehandlungsgesetz und gegen Artikel 3, Absatz 3 des Grundgesetzes. Dort heißt es, dass niemand wegen seiner Herkunft oder Hautfarbe bevorteilt oder benachteiligt werden darf.

Dieses aberwitzige Absurdistan ist nichts als blanker rassistischer Antirassismus. Die AStA-Ausschreibung für die Planstelle gegen Rassismus ist selbst diskriminierend. Lapidarer Kommentar bei Broders *Achse des Guten*: »Wenn du von der Antidiskriminierungsstelle diskriminiert wirst, befindest du dich im Zentrum der Wokeness.« Und der jüdische Publizist Chaim Noll schreibt: »... sollte sich diese Art reziproker Rassismus durchsetzen, müssten zunächst alle Antisemitismus-Beauftragten in Deutschland aus ihren Ämtern entfernt werden, weil, soweit ich weiß, keiner von ihnen Jude ist.«

Jede Mini-Minderheit muss nur lautstark »Diskriminierung« schreien, und schon stehen die Null-Toleranz-Tugendwächter bereit, um meist mittels Intoleranz ihre schützende Hand über die Geschmähten zu halten. Denn wehe, man macht nicht mit und stellt sich quer. Da wird man von diesen ach so Toleranten fix in die Hölle der »Rechten« gestoßen.

In der Logik dieser linken Identitätspolitik kann offenbar nur jemand Sozialarbeiter für Straffällige sein, der selbst ein stattliches Vorstrafenregister hat. Und Kinderlose dürften keine Familien- oder Corona-Politik machen. Da hätten wir dann ziemlich leere Kabinette und Parlamente ...

Ach so: Die Berliner Humboldt-Universität mit solch hellwachen Student_in*nen hat es doch tatsächlich geschafft, sich im weltweiten Uni-Ranking vom jämmerlichen 117. Platz im Jahr 2021 im Folgejahr auf Rang 128 herunterzuarbeiten. Die einzige deutschsprachige Hochschule von Niveau ist demnach die ETH Zürich, immerhin auf Platz 8. Als erste Universität Deutschlands ist München mit Rang 50 aufgeführt. Oder besser: vorgeführt. Political Correctness scheint sich im Weltmaßstab nicht so richtig zu lohnen.

Es lebe das Land der Dichter und Denker, der Erfinder und Entdecker, der Tüftler und Ingenieure. Inzwischen sind wir das Land der Richter und Henker, was Meinungsfreiheit und den Umgang mit Vertretern unbequemer Ansichten angeht.

Der Fünf-Minuten-Muezzin

Ein Zeichen von toleranter Vielfalt? Oder doch eher ein Beweis für ignorante Einfalt? Auf jeden Fall scheinen sich die, die erlauben wollen, dass über der Domstadt Köln jetzt Muezzin-Rufe erschallen dürfen, nie mit dem Islam beschäftigt zu haben. Freitags darf er nun Köln beschallen – »aber nur fünf Minuten«.

Oberbürgermeisterin Reker feiert das bereits als »Zeichen des Respekts in einer weltoffenen Stadt«. Das ist übrigens jene Dame, deren Sicherheitspolitik aus der Maßeinheit

»Armeslänge« besteht. Mit diesem Abstand sollen Frauen sich vor den sexuellen Übergriffen muslimischer »Antänzer« – wie in der Silvesternacht 2015/16 – schützen. Zynischer und unverschämter gehts nicht. Man fragt sich allerdings bis heute, wo die Massendemonstrationen empörter Frauen gegen diesen Irrsinn waren.

Frau Armeslänge wird nun zu Erdogans verlängertem Arm. Die vom türkischen Despoten beherrschte DITIB, vom deutschen Verfassungsschutz beobachtet, unterhält ihre überdimensionale Zentralmoschee in Köln. DITIB, das ist »ein Verein, der immer wieder mit einer Anspruchsmentalität auftritt und wiederholt durch Hetze gegen Christen, Juden und liberale Muslime auffällig geworden ist«, so Ahmad Mansour bei *Focus Online*. Ankara lacht sich ins Fäustchen über die typisch deutsche Pseudo-Toleranz-Naivität, angefangen bei der Politik bis zu den christlichen Kirchen. Deren Ober-Klerus, dessen Vertreter bei einer politischen Wallfahrt zur Al-Aksa-Moschee in Jerusalem schon 2016 ihre Kreuze ablegten, klatschte gleich Beifall. Na toll, in der arabischen Welt läuten ja auch ständig die Kirchenglocken.

Die Islamisierung Deutschlands ist in vollem Gang. Das sagt einem jeder arabische Taxifahrer. Teils besorgt, teils triumphierend. Auf jeden Fall sind es Tatsachen, die man benennen muss, ganz gleich, welche Rückschlüsse man daraus zieht. Man muss wissen, was da jetzt in Köln beispielgebend passiert. In einer Stadt, in der achtzig Prozent der Grundschüler aus muslimischen Familien stammen. Was da ertönt, ist eben kein »Gebetsruf«, es ist die Ausrufung des Machtanspruchs Allahs und der Weltherrschaft des Islams.

Laut Zentralrat der Muslime lautet die Übersetzung des

Muezzin-Rufes: »Allah ist der Allergrößte (viermal). Ich bezeuge, dass es keinen Gott außer Allah gibt (zweimal). Ich bezeuge, dass Muhammad der Gesandte Allahs ist (zweimal).« Wer das einen Gebetsruf nennt oder mit dem Glockengeläut der Kirchen gleichsetzt, hat seinen Kopf wohl nur zum Essen.

Diese Übersetzung entspricht ganz der Koran-Doktrin: Der Islam muss in allen religiösen und menschlichen Lebensbereichen dominieren und herrschen. Deshalb ist nach muslimischem Verständnis Allah der unüberbietbar Größte. Auch auf den Nationalflaggen der islamischen Staaten von Afghanistan, Irak, Iran und anderer sind diese beiden arabischen Worte »Allahu Akbar« abgebildet. Beweis für die unlösbare Einheit von Religion und Politik. Da ist nichts mit Trennung von Staat und Kirche. Das ist Scharia pur. Die beiden Wörter »Allahu Akbar« bündeln die islamische Lehre wie in einem Brennglas: Gebet – Unterwerfung – Dominanz – Kampf – Krieg – Sieg.

Zu den kulturellen Kernbeständen des Korans und der von ihm fundamental beherrschten Ideologie gehören auch Kinderehen, Scharia-Gerichte, drastische Strafen für Ehebruch und Homosexualität, Ehrenmorde, Beschneidung von Mädchen, Verklärung von Terroristen als Märtyrer, Missachtung von Frauen bis hin zu Lehrerinnen an unseren Schulen und ein aggressiver, übers Mittelmeer importierter Antisemitismus, dessen Auswirkungen in Frankreich noch schlimmer sind als bei uns.

Zum Allahu-Akbar-Ruf und der Frage, was muslimische Attentate mit dem Islam zu tun haben, argumentiert der jüdische Journalist Henryk M. Broder auf seine unnachahmliche Art: »Das Einzige, worauf es ankommt, ist, dass so gut wie alle, die sich in die Luft gesprengt haben und dabei andere mitgenommen haben, es mit dem Ruf ›Allahu Akbar!‹ taten. Oder fällt Ihnen einer ein, der ›Gelobt sei Jesus Christus‹ gerufen hat, während er die Leine zog?« Das sagt uns ein Jude, während die Christen in den obersten Klerikal-Etagen schweigen und verharmlosen. Oder viel schlimmer: sofort in die Litanei einstimmen, das habe natürlich alles nichts mit dem Islam zu tun.

Ahmad Mansour ist als junger Palästinenser in Israel beinahe zum radikalen Islamisten geworden. Heute zählt er zu den wichtigsten Islam-Experten Deutschlands. Er schreibt zum Kölner Muezzin-Ruf und seiner Bedeutung für Muslime bei *Focus Online*: »Für viele von ihnen, insbesondere aus dem Umfeld des politischen Islams, bedeutet jede Aktion, welche zu mehr Sichtbarkeit ihres geltenden Islam-Verständnisses in der Öffentlichkeit führt, einen Sieg. Dieses Islamverständnis fordert für sich und seine Anhänger einen Exklusivitätsanspruch und besitzt Anspruchsmentalität. Ihnen geht es wenig um Gleichberechtigung oder Toleranz der Religionen und um deren Koexistenz, sondern ausschließlich um mehr Sichtbarkeit, mehr Macht und mehr Unterwanderungsmöglichkeiten.«

Die muslimische Soziologin Necla Kelek räumt mit den Reker'schen Toleranz-Floskeln gnadenlos auf: »Die Bilder zeigen eigentlich alles: Wenn ›Allahu Akbar‹ gerufen wird, kommen Männer zusammen. Die Männer, die ihre Frauen zu Hause haben.« Kelek beklagt: »Ausgerechnet eine Frau als Oberbürgermeister bestätigt diesen Männern, dass dieses Gesellschaftsbild in Ordnung ist.« Unfassbar!

Wo bleiben differenzierte Debatten und knallharte Kritik? Fehlanzeige! »Das könnte ja einen Shitstorm auslösen, die nächste Einladung zum Sommerfest des Bundespräsidenten gefährden und das eigene Bild als heiligen Toleranten beschmutzen. Schmutzig sollen sich lieber die anderen machen! Die schnell als Krawallmacher, Islamhasser und Rechtsradikale betitelt werden« (Ahmad Mansour).

Die *Neue Zürcher Zeitung* meint zum Kölner Muezzin-Ruf: »Eine Stadt im Westen, die diese Verkündung erlaubt, verrät ihre eigenen Werte. Und sie wird damit ihr Ziel, Toleranz und Integration zu fördern, kolossal verfehlen.« Viele Muslime, vor allem aber Christen, die wegen des politischen Islams und seines Terrors nach Deutschland geflohen sind, empfinden das nur noch als Hohn. Der Muezzin-Ruf ist nichts anderes als »die Selbstverleugnung im Namen der Toleranz« (*NZZ*). Auch, wenn er nur fünf Minuten dauert ...

Kirche, die keiner mehr braucht

In Massen flüchten die Gläubigen aus ihren Kirchen. Dabei sind Austrittswillige oder »Zwangsmitglieder« (durch Taufe oder Elternhaus) schon längst weg. Die Zahlen waren bereits in den letzten Jahren dramatisch hoch. Doch jetzt geht es an die Substanz. Diesmal ist es so, als würden die Bundesländer Bremen und Saarland geschlossen ausgetreten sein oder die Metropole München, wenn man nämlich Kinder und Muslime etc. abzieht: Insgesamt 441 000 Mitglieder kehrten beiden Großkirchen im Jahr 2020 den Rücken.

Diese Austrittswelle betrifft fast zu gleichen Teilen Katholiken und Protestanten. Das überrascht, versteckte sich die EKD doch immer gern hinter dem Argument, der katholische Missbrauchsskandal wäre Hauptursache der Austritte. Nun ist es gerade der ach so fortschrittliche und moderne Protestantismus mit seinen Bischöfinnen, Pastorinnen, Schlepper-Schiffen, Bibeln »in gerechter Sprache« und dergleichen, der nicht weniger zur Ader gelassen wird als ein Katholizismus, der gerade erst beginnt, die EKD links zu überholen.

Die *WELT* bringt es auf den Punkt: »Nicht einmal Not lehrt noch beten!« Und gibt dem vernichtenden Kommentar die Überschrift: »Die Kirche selbst hat das Signal gesendet, man braucht sie nicht mehr.« Genau das ist das Dilemma, und darüber wird all das klerikale Erklärungs- und Ursachen-Geschwätz für das Drama zu Makulatur.

Lächerlich ist die katholische Beruhigungs-Variante, den Leuten gingen die Reformen nicht schnell genug. Ach, dann müsste die EKD ja riesigen Zulauf haben, so kommentiert auch die *FAZ*. Oder die evangelische Version, es seien ja weniger Austritte als erwartet. So redet man sich bekanntlich Wahlergebnisse schön: Es war dann doch mehr als in den Umfragen. Nein, Kirche war einfach nicht da, als sie am nötigsten gebraucht wurde. »Wenn das Christentum nicht einmal in einer Zeit der Pandemie wieder mehr (!) Menschen existenziell zu berühren vermag, wann denn dann?«, fragt die *WELT*. Ja, die Menschen suchten noch, heißt es richtig, »aber sie werden in ihrer Kirche nicht mehr fündig«. Das erkannte übrigens schon Verleger Axel Springer, als er in den 1970er Jahren die EKD verließ und der Selbständigen Evangelisch-Lutherischen Kirche (SELK) beitrat.

Inzwischen hat sich die Modernisierung (Mogelpackung für Ausverkauf) in einer Weise beschleunigt, dass einem schwindelig wird: Regenbogen-Pfarrer und Gender-Bischöfe heißen alles gut, was der Zeitgeist gebietet, der Heilige Geist jedoch verbietet. Wer meint, die Grundurkunde des christlichen Glaubens, das Evangelium, nicht nur sprachlich, sondern auch inhaltlich der Mode anpassen zu müssen, verliert jegliche Attraktivität und Glaubwürdigkeit. Wozu eine Kirche, die in einer schwedischen Schulschwänzerin eine neue Heilige sieht?!

Unvergessen, wie der damalige Linken-Chef Gregor Gysi mir einmal sagte: »Wenn ich in die Kirche gehe, erwarte ich, dass man über Sünde redet und mir die Leviten liest.« Weil das eben sonst niemand kann. Doch Sünde ist heute reduziert, pervertiert und minimiert auf Klimasünder, Coronasünder, Dieselsünder oder AfD-Wahl-Sünder und Anti-Impf- und Anti-Regenbogen-Sünder. Für das alles braucht man keine Kirche, das kann man bei Grünen und Jusos billiger haben.

Und das ist das nächste Problem: Die Kirchensteuer wird einem Volk, dem gerade das Geld aus allen vorhandenen Taschen gezogen wird, verständlicherweise einfach zu viel. Die größte Inflation der Nachkriegszeit frisst nun deren ideologische Unterstützer: die Klima-Rettungs-Kirchen. Die Urlaubskosten haben sich nahezu verdreifacht, so das Vergleichsportal *Check24*. Die Energiepreise explodieren. Die kommenden Winter werden unbezahlbar. Und die Kirchen beteiligen sich ja an der Preistreiberei, nimmt man nur das Klima-Allotria von den Kanzeln oder das Herbeischiffen junger »Flüchtlinge« ins soziale Netz Deutschlands. Ein Migrant »verdient« hierzulande mehr als den Durchschnittslohn Griechenlands.

Zum Jahresende 2021 knöpfte sich die *Neue Zürcher Zeitung* »die NGO namens EKD« gnadenlos vor. Anlass war deren November-Synode: »Unter dem Stichwort Migration« finde man einen Text des scheidenden EKD-Chefs, »in dem dieser erklärt, was eine ›offene und vielfältige Gesellschaft‹ alles tun müsse, um ›Teilhabe von Migranten und Migrantinnen zu ermöglichen‹. Es gehe, schreibt der Kirchenrepräsentant, der aus religiöser Rücksichtnahme auch einmal das eigene Kreuz verschwinden lässt, ›um gegenseitige Achtung und Wertschätzung von Ankommenden und Aufnahmegesellschaft‹.«

Tage zuvor hatte ein Afghane seine »Wertschätzung« erst öffentlich gezeigt: Er entweihte eine Kirche, zerstörte ein mittelalterliches Kruzifix und erklärte dem Pfarrer, dass Jesus nicht Gottes Sohn sei. Eins zu eins Koran! Und die Kirchenzentrale? Schweigen! Und die Synode? Dröhnendes Schweigen! Und der betroffene Pfarrer: Das habe ihn »an einen verspäteten Frühjahrsputz erinnert«. Das muss man sich bitte auf der Zunge zergehen lassen! Noch Fragen?

Am selben Tag brachte ausgerechnet die *Abendschau* des *RBB*, eher dem linken Mainstream zuzurechnen, den Hilfeschrei der Berliner Polizeiführung: Gewalt und Mobbing gegen die »Lehrenden« an der Polizeischule. Verschämt in einem Satz der Grund: Vierzig Prozent der »Studierenden« sind bereits Migranten. Noch Fragen?

Die Kirchen überbieten sich dagegen in neuen Prioritäten: Gender-Sprach-Richtlinien, die alles staatlich Verordnete weit in den Schatten stellen. Der Vorsitzende des Vereins deutsche Sprache, Professor Walter Krämer, hat gegenüber dem Bischof von Hildesheim seinen Kirchenaustritt angekündigt – »wegen der kirchlich angeordneten Vergewaltigung der deutschen Sprache«. Er weiß damit mehr als zwei Drittel der Bürger auf seiner Seite: »Verehrter Bischof: welche Dummheit, Anmaßung und Arroganz! Als ob eine wertschätzende Behandlung durch die Kirche nur über die Verhunzung der Sprache möglich wäre.«

Auf einer ganzen Seite präsentiert die *Welt am Sonntag* in ihrer Nikolaus-Ausgabe 2021 die Balkenüberschrift »Heiliger Zeitgeist« – mit einer Generalabrechnung über die Evangelischen Akademien, natürlich staats- und kirchensteuerfinanziert. Gott sei dort zwar noch nicht tot (im Gegensatz zum Diktum Nietzsches), aber »man probiert es hier und da mit der Auffrischung: Gott ist queer«. In Frankfurt wurde im November »der 11. Leonore-Siegele-Wenschkewitz-Preis an eine streitlustige Theologin verliehen, die ›queer perspektivisch von Gott redet‹. Es gehe ihr um eine ›lesbisch-schwul-bi, Inter- und trans-inklusive Theologie‹.« Alles auf Kosten der Steuerzahler*innen. Unverfänglicher sei da noch der Workshop »Tanzen gegen den Rassismus«.

Das sei, so die *Welt am Sonntag*, »ein wahrer Supermarkt, in dem alles im Angebot ist: ›Auschwitz und Afghanistan‹, ›Tehillim: Psalmen im Dialog‹, die ›Industrieregion Ingolstadt‹ und ein ›Digitaler Öko-Stammtisch‹, die ›Fair Finance Week Frankfurt‹ und ›Ideen von der Zeit nach dem Tod‹«. Ideen! Man fasst es nicht! Kein Wort von Jesus, der den Tod überwunden hat und überwinden hilft! Die »Kirche im Sozialismus« ist längst Schnee von gestern. Jetzt kommt die Kirche der grün-rot-schwarzen Transformation.

Die Evangelische Landjugendakademie in Altenkirchen bietet darüber hinaus im Frühjahr 2022 eine sechsteilige »Modulreihe« an, u.a. zum Thema »Gemeinsam gegen Anti-Gender Hate Speech vorgehen«. Das wird die Landjugend bestimmt freuen, ist es doch deren Hauptproblem in Zeiten von Existenzbedrohung. Irritierend nennt es der Kollege der *Welt am Sonntag*, dass nirgendwo von islamistischem Extremismus zu lesen ist. Stattdessen geht es überall um »antimuslimischen Rassismus«. Am Schluss des Artikels die zaghafte Frage: »Ob die evangelische Kirche auch aus diesem Grund im vergangenen Jahrzehnt etwa zwei Millionen Mitglieder verloren hat?« Selbstzerstörung vom Feinsten.

Ich könnte viele Pfarrer nennen, die ihre Posten verloren haben oder denen die Hölle heißgemacht wird aus den himmlischen Sphären der Kirchenleitungen, weil sie sich (mit der Bibel in der Hand oder mit Luthers »Hier stehe ich, ich kann nicht anders« auf den Lippen) all dem modischen Irrsinn zu widersetzen wagen.

Nur, dass zum Beispiel CDU und CSU erstmals in ihrer Geschichte das christliche Herzensthema »Lebensschutz und Abtreibung« mit keiner Silbe im Wahlprogramm erwähnen, juckt die zeitgeistlichen Oberhirten nicht im Geringsten. Im Gegenteil, der Rubel rollt doch (noch). »Geld erstickt den Glauben«, dieser Schlüsselsatz von Papst Benedikt XVI. bringt das ganze Dilemma auf den Punkt. Der Selbstbedienungsladen einer vom staatlichen Finanzamt eingezogenen Kirchensteuer lässt die klerikale Kaste so lange auf ihren synodalen Irrwegen wandeln, bis der Letzte das Licht ausmacht.

Nur aus dieser finanziell gesicherten Position heraus konnte man ungerührt den obrigkeitlichen Corona-Verordnungen vorbehaltlos zustimmen. Die einsamen und hilfsbedürftigen Gläubigen in Seniorenheimen, Kliniken oder den Trauerhäusern waren piepegal. Und nun kommt die Quittung. Kollegen der *WELT* beklagen, dass »Bischöfe öffentliche Gottesdienste allzu klaglos absagten und manche Pfarrer ihre Kirchen allzu lange geschlossen ließen«. Und der linksliberale Heribert Prantl, ehemaliger Chefredakteur der *Süddeutschen Zeitung*, bringt es mit nur einem Knallhart-Satz zur Corona-Zeit auf den Punkt: »Die Kirche hat uns im Stich gelassen.« Wenn dann mal (wann eigentlich?) alles vorbei ist, braucht man Kirche tatsächlich nicht mehr.

Die Quittung dafür ist das Ergebnis einer repräsentativen Umfrage der Versicherungsgesellschaft HDI. Frage: Bitte bewerten Sie mit Schulnoten das Verhalten von Unternehmen und Institutionen während der Corona-Zeit. Kirchen und religiöse Einrichtungen landeten mit der Note 4,1 auf dem letzten Platz! Da ist der ADAC ja wichtiger. Nur noch jeder vierte Deutsche (24 Prozent) stimmt der Aussage zu, »dass Kirchen bedeutend sind für unsere Gesellschaft«. Für viele ist das Maß voll. Und viele kirchliche Aktivitäten sind nichts anderes als ideologische Volksverdummung. »Weck die tote Christenheit aus dem Schlaf der Sicherheit«! Dieser Gebets-Choral aus dem Jahr 1704 *(Sonne der Gerechtigkeit)* ist aktueller denn je.

Und wenn es noch eines Beweises bedarf, wie selbstzerstörerisch sich die Kirchen ihrer eigenen Substanz berauben: Der Leitartikel der *Neuen Osnabrücker Zeitung (NOZ)* fordert hellsichtig und spitzfindig, kirchliche Privilegien unter die Lupe zu nehmen. Wenn immer weniger Eltern Mitglied einer christlichen Kirche sind, »gehört der konfessionell gebundene Religionsunterricht auf den Prüfstand«. Das kann man nahtlos erweitern auf die immer noch selbstverständlich erachtete Seelsorge in Bundeswehr, Gefängnissen oder Krankenhäusern.

Was soll eine Kirche, die sich in Corona-Zeiten auf die Empfehlung reduzierte, auf Balkonen »für die Helden« zu singen, Hände so lange unter den Wasserhahn zu halten, bis das Lied *Happy Birthday* (und nicht zum Beispiel das *Vaterunser*) zu Ende ist, oder das Internet statt Präsenzgottesdienste zu »besuchen«, und mitnichten daran dachte, auf »Systemrelevanz« zu klagen? Die Zeit ist reif für einen neuen Bestseller: Kirche schafft sich ab.

Wie die Sprachpolizei Anton und Berta killt

Es wäre doch gelacht, wenn die Sprachpolizei nicht immer neue Täter aufspüren würde. Jetzt geht es dem Buchstabier-Alphabet an den Kragen. Es wird ohne langen Prozess auf Nimmerwiedersehen eingesperrt. Sozusagen die Todesstrafe für das oft lebensrettende Buchstabieren. Da kennt der Gender-Furor kein Pardon.

Dieses Alphabet hat uns in seiner langen Geschichte schon vor so manchem Missverständnis bewahrt. Damit man zum Beispiel beim Telegrafieren »lieb« nicht mit »Dieb« verwechselte, buchstabierte man deshalb L wie Ludwig. Oder es half dabei, telefonische Namens- und Adressangaben bei Notfalleinsätzen rettend zu präzisieren. Jeder hat die Buchstaben- und Namensfolge im Hinterkopf: Von A wie Anton über I wie Ida (herrlich, so hieß meine Oma!) und S für Siegfried bis hin zum Zeppelin, weil es ein Z-Wort unter den gebräuchlichen Namen angeblich nicht gibt.

Jetzt ist jedoch Schluss mit lustig. Die seit 1890 gebräuchliche Buchstabiertafel (Anton, Berta, Cäsar, Dora ...) enthält, was für eine Schande, sechzehn männliche und nur sechs weibliche Vornamen. Höchste Alarmstufe bei der Sprachpolizei! Da es unmöglich sei, »alle relevanten ethnischen und religiösen Gruppen geschlechtergerecht ausgewogen« darzustellen, sollen ab Mitte 2022 Städtenamen (Augsburg, Berlin, Cottbus, Düsseldorf ...) die alten Vornamen ersetzen.

Das zuständige Deutsche Institut für Normierung, kurz DIN genannt, teilt mit: Grund der Änderung sei vor allem, dass es »mit Vornamen sehr schwierig ist, die kulturelle Diversität der deutschen Bevölkerung« darzustellen. Dabei wären doch Mohammed oder Olivia (Jones) tolle Alternativen zu den biederen Martha und Otto. Und statt Y gleich (einfallslos) Ypsilon wäre zum Beispiel Yasemin eine zeitgerechte (weibliche!) Alternative. Den Zeppelin könnte man durch Züleyha ersetzen, womit man wieder eine Frau hätte.

Warum also plötzlich Städte? Immerhin bleiben einem dadurch Namen erspart wie: A wie Alltagsmaske, B wie Brücken-Lockdown, C wie Coronaleugner. Oder gar Drosten für D und Lauterbach für L. Aber das wären dann auch wieder zu viele alte weiße Männer gewesen. Q für Querdenker wäre allerdings eine originelle Variante zu der banalen Quelle.

Nun also Städte. Da ergeben sich jetzt jedoch grundsätzliche Fragen. Hoffentlich hat man die auch bedacht. Denn als man im Cancel-Culture-Woke-Wahn den Berliner U-Bahnhof Mohrenstraße in Glinka-Straße umbenennen wollte, stellte man erst nach dem Beschluss fest, dass ebenjener Herr Glinka ein fieser russischer Antisemit war.

Und deshalb sollte man bei den Städtenamen jetzt bitte schön aufpassen! Deutsche Gründlichkeit ist gefragt. War Hitler dort Ehrenbürger? Setzt sich die Stadt auch für Klimaneutralität ein? Wird dort auch korrekt »gegendert« in der Behördensprache und die Migrantenquote bei Einstellungen beachtet? Gibt es dort etwa noch eine »Mohren-Apotheke«, eine Bismarckstraße oder ein Kaiser-Wilhelm-Denkmal, dann hat man schon verloren. Und ist nicht Cottbus eine AfD-Hochburg?

Deshalb hat es Augsburg auch gleich an die Spitze des politisch korrekten Buchstabier-Alphabets gebracht. Glückwunsch! Die CSU-regierte Stadt hat gerade noch rechtzeitig die Kurve gekriegt und den dortigen Zigeunerbach umbenannt und den Namen des Traditionshotels »Drei Mohren« gekillt. Da sieht man, wie wichtig es ist, wenn Politiker sich um die wahren Probleme der Menschheit kümmern. Sonst hätte vielleicht Aachen den Zuschlag bekommen. Aber die machen ja den genderfeindlichen Karneval mit dem Dreigestirn König, Bauer und Jungfrau. Das ist nun wirklich zu wenig divers. Also: D wie Düsseldorf, das sollte man sich noch mal gründlich überlegen.

München soll künftig für M stehen. Vorsicht, Vorsicht! War da nicht mal was in den 1930er Jahren? Und war das später nicht die Hochburg eines gewissen Franz Josef Strauß? Hatte der nicht von »Ratten und Schmeißfliegen« gesprochen und von »kalten Kriegern« und »warmen Brüdern«? Nehmt lieber Möhringen, den bekannten Stadtteil von Stuttgart. Die haben sich zwar noch nicht umbenannt, aber wenigstens das Wappen von einer »Möhrin« befreit, einer schwarzen Frau mit roten Lippen und Kraushaar. Die politisch korrekten Retro-Rassismus-Richter riefen »alle Einwohner*innen ab sechs Jahren« dazu auf, Ideen für ein neues Wappen einzureichen. Ab sechs Jahren! Bald auch Wahlrecht? Irre! Die Infantilisierung der Politik hält weder Ochs noch Esel auf ...

Das DIN-Institut beruhigt: Man habe die Städtenamen ausgewogen nach west- und ostdeutschen ausgesucht. Also Deutschland divers. Und als einzige Region sei das mitteldeutsche Vogtland gewählt worden. Ganz schön mutig, hatte doch erst ein CDU-Politiker mit dem originellen Namen Wanderwitz seinen Mit-Ossis ein »Demokratiedefizit« bescheinigt, weil sie partout nicht wählen wollen, was er gewählt haben will. Manche seien noch nicht »in der Demokratie angekommen«. Nun ist das Vogtland wenigstens im Buchstaben-Alphabet angekommen. Ist das etwa nix?!

Viel ernster und wirklich der Korrektur würdiger als dieses ewige Gender-Gaga ist das, was die Nationalsozialisten mit der Buchstabentafel gemacht haben. Vor Hitlers Machtergreifung hatte es noch geheißen: »D wie David, S wie Samuel, Z wie Zacharias und N wie Nathan«. Das ging dem Regime jedoch gegen die Rassenideologie. »In Anbetracht des nationalen Umschwungs in Deutschland halte ich es für nicht mehr angebracht, die in der Buchstabiertabelle des Telefonbuchs aufgeführten jüdischen Namen (...) noch länger beizubehalten«, hatte sich ein nationalsozialistischer Sprachpolizist beim Postamt Rostock beschwert. Das fand prompte Zustimmung und landete in Berlin. Die Überarbeitung der Buchstabentafel wurde beschlossen.

Das Buchstabier-Alphabet war jedoch immer auch schon kuriosen Wandlungen unterworfen. Das hat der Umlaut »Ü« erlebt. Von dem hieß es noch in den goldenen 1920er Jahren, man müsse ihn mit »Ü wie Überfluss« beschreiben. Von 1934 an, wie passend, wurde daraus ein »Ü wie Übel«. Ab 1983 legte man DIN-offiziell fest, dass »Ü wie Übermut« am besten sei. Und wie dieser gepaart mit Größenwahn (»Wir retten das Weltklima!«) endet, das werden wir in den nächsten Jahren nicht nur sprachlich erleben und bitter büßen.

Bescheuerter Elektroschrott

Für mich ist das Maß längst voll. Klar, Berlin ist ein besonderes Pflaster für dieses unsägliche Erbe des größten Verkehrsministers aller Zeiten. Bescheuert, Herr Scheuer! Diese besondere Leuchte der CSU hinterließ der staunenden Öffentlichkeit nicht nur Millionenschäden bei Pkw-Maut und ähnlichen Unsinns-Projekten, dazu Millionen für Gutachten und Anwälte. Er schenkte uns auch das bisher idiotischste Verkehrsmittel seit Erfindung des Rades: den Elektro-Tretroller. Insider nennen ihn neudeutsch E-Scooter. Eine moderne Landplage inmitten überfüllter Städte. Nervig und gefährlich.

Seinen politischen Werbefeldzug, schließlich musste er 2018 Bundestag und Bundesrat dazu bringen, diesem Irrsinn zuzustimmen (man muss eben die richtigen Prioritäten setzen!), krönte Scheuer mit besonders wirren Sprechblasen. Er sprach von »urbaner Mobilität« und von einer »Hoffnung für die Verkehrswende« und versicherte: »E-Scooter haben ein enormes Zukunftspotenzial als Ergänzung zum öffentlichen Nahverkehr. Sie halten Großstädter davon ab, auf kurzen Wegen Auto zu fahren.« Mich halten sie davon ab, mich überhaupt noch als Fußgänger auf belebte Straßen zu wagen.

Experten beobachten, so hieß es auf dem Deutschen Verkehrsgerichtstag 2020 in Goslar, »dass E-Scooter durch Fußgängerzonen rasen, Fußgänger zum Ausweichen zwingen und sich durch penetrantes Klingeln freie Fahrt verschaffen«. Selbstverständlich werden diese unsäglichen Dinger auf Bürgersteigen gefahren. Unter Missachtung aller Verkehrsregeln natürlich. Ohnehin meist zu enge Gehwege werden als Hauptverkehrsstrecken missbraucht, Fußgänger (Neusprech wahrscheinlich: zu Fuß Gehende) werden zum Freiwild von übermütigen oder alkoholisierten Idioten. Beliebt ist eine sausende Fahrt zu zweit auf den winzigen Röllerchen. Schwere Unfälle sind oft die Folge. Alte Menschen fürchten um ihr Leben, zumindest jedoch um ihre Oberschenkelhälse.

Warnungen kommen auch von Ärzten und Notaufnahmen: Ein Chefarzt der Hamburger Innenstadtklinik St. Georg sagte der *Tagesschau*: »In den vergangenen Monaten haben wir in unserer Klinik mehr Verletzte durch E-Scooter-Unfälle behandelt als Verletzungen durch Fahrradunfälle.« Erschwerend komme hinzu, dass kaum ein Nutzer einen Helm trägt. Unfälle passieren nicht nur beim Fahren. Geparkt wird dieser Elektroschrott natürlich irgendwo, wo er nicht hingehört, wo er im Weg ist, wo er andere gefährdet. Seh- und Gehbehinderte bleiben am besten zu Hause.

Regelrecht lyrisch-poetisch-philosophisch-ideologisch, nahezu religiös-beweihräuchernd springt eine *WELT*-Kollegin dem »Erfinder« zur Seite und verteidigt diese »Tretroller ohne Treten« tatsächlich so: »In ihnen manifestiert sich eine moderne, selbstbestimmte Gesellschaft, die technischen Fortschritt nutzt, um dem schnelllebigen Alltag gewachsen zu sein.« Halleluja!

Man kann es sogar noch weiter überhöhen, wie es eine der Verleih-Firmen tut: »Frauen, die nachts auf den Straßen Angst haben, sich aber kein Taxi leisten können, fühlen sich auf dem Roller sicherer als zu Fuß.« Das wäre doch was für den bayerischen Wahlkampf: Hätten die drei ermordeten Frauen von Würzburg im Juni 2021 einen von Scheuers Tretrollern benutzt, sie wären nicht einem »Allahu Akbar« schreienden somalischen Attentäter zum Opfer gefallen, sondern elegant davongesurrt? »Heiliger Krieg«, so die Selbsteinschätzung des Täters, hätte also auf Rädern nicht stattgefunden. Irre!

Besonders Umweltliebende machen keine halben Sachen mit Scheuers batteriegetriebenem, vermeintlich CO_2-freiem Elektroschrott: Immer mehr dieser Dinger landen in Flüssen und Teichen. 2021 waren es allein fünfhundert im Rhein bei Köln. Da freut sich die Natur! Und Frau Baerbock kann wieder eine Rede über Kobold halten. So wächst zusammen, was zusammengehört.

Ein kleiner Tipp zum Schluss: Es soll auch sowas wie Fahrräder geben. Selbst das grün angehauchte Umweltbundesamt hat mittlerweile begriffen: »Wird der E-Scooter anstatt der eigenen Füße oder des Fahrrades benutzt, ist das schlecht für Umwelt und Gesundheit.« Also ab mit dem bescheuerten Elektroschrott auf den Wertstoffhof! Herr Wissing, bitte übernehmen Sie!

Freiheit der Wissenschaft?

Das Maß ist voll, sagte sich die britische Philosophin Kathleen Stock und warf das Handtuch. Linksextreme Gender-Fanatiker hatten die Professorin an der Universität Sussex systematisch zermürbt. Hatte es die bekennend lesbische Feministin(!) doch tatsächlich gewagt, die Transgender-Theorie zu torpedieren.

Gemäß der von ihr vertretenen Evolutionslehre verteidigte sie (in Übereinstimmung übrigens auch mit dem Schöpfungsbericht der Bibel!) die biologische Definition der Geschlechter. Die sind also kein soziales Konstrukt, wie die queeren Ideologen glauben machen wollen.

Doch lesbisch hin und Feministin her: Was nicht sein darf, auch nicht sein kann. Wo kommen wir denn da hin, wenn Wissenschaft es wagt, selbstständig, kritisch und darüber hinaus noch nicht einmal genderkonform zu sein. Dann soll zwei plus zwei lieber mal fünf sein. Examensarbeiten ohne Sternchen und all das Sprach-Allotria werden schließlich auch niedriger benotet. Ein Beispiel, wie (teils namhafte!) Professoren sich das alles widerstandslos gefallen lassen und unbekümmert bei diesem fanatischen Unsinn mitmachen.

Nicht Frau Stock! Die zeigt Flagge. Doch ist Rückzug die

richtige Reaktion? Selbst der linksliberale *Guardian* war entsetzt über den Vorgang: Dass Stock ihren Job freiwillig aufgibt, sei »unfassbar deprimierend«, gewonnen hätten nun die »Tyrannen und Anti-Intellektuellen«.

Auch die Universität kritisiert die Intoleranz. Sie stehe »in direktem Gegensatz zu den grundlegendsten Prinzipien der Wissenschaft«. Selbstverständlich habe Stock jedes Recht, ihre Meinung zu vertreten, sagte auch die Gleichstellungsbeauftragte der Uni. Selbst die Londoner Regierung schaltete sich ein.

Doch von ihrem Rücktritt will die Philosophin nicht zurücktreten. Sie und ihre Familie machten seit Jahren eine »wirklich furchtbare Zeit durch«, begründete sie auf Twitter ihren Schritt. Die vergangenen Jahre seien »schlimm« gewesen. Laut *Guardian* bejubelten Linksaktivisten im Netz den Rücktritt Stocks: »Großer Sieg für die LGBTQ+-Studenten heute in Sussex ... Nehmen wir uns eine Minute Zeit, um dies zu feiern.«

Und wenn man sich die Lage auch an deutschen Universitäten anschaut, werden die woken Wahnsinnigen bald viel zu feiern haben. Selbst die linke Tageszeitung *taz* meint zu dem linken Furor: »Wokistan gibt sich links – und ist doch nur ein antifreiheitlicher Mob im Zustand der Selbsttrunkenheit: Im Netz wurde Stocks Resignieren als Sieg gefeiert – für die queere Sache. Was für eine Groteske!«

Die *taz* nennt den »trans*aktivistischen Furor« schlichtweg »Mob« und definiert glasklar: »Mob meint als Wort eine aggressiv gestimmte Bande, die mit allen Mitteln einer Person das Leben zur Hölle macht. Eine solche Gruppe glaubt sich im moralischen Recht, weil die von ihnen Gehetzten es verdient haben. Gewöhnlich wird dieses Wort mit Pöbel assoziiert ...« Und nun ist der Mob also dabei, die Universitäten zu erobern. Gute Nacht, dem Land der Dichter und Denker, das in Wahrheit längst ein Land der Richter und Gelenkten ist.

Was unserem Staat wirklich wichtig ist

Es war sechs Uhr morgens. 75 Polizisten stürmen ein Grundstück in Berlin-Neukölln. Schwer bewaffnet mit Maschinenpistolen, ausgestattet mit schusssicheren Westen. Das SEK im Einsatz. In Worten: fünfundsiebzig Beamte! Die Verhinderung eines Terroranschlages? Die Befreiung von Geiseln? Das Zerschlagen eines Drogenkartells? Die Rettung von Frauen aus einer Gruppenvergewaltigung? Etwa eine Razzia im Clan-Milieu?

Nein, diese 75 SEK-Beamten haben einen meterhohen Gartenzaun unter dem Arm. Dessen Installierung sollen sie überwachen. Es geht um die denkmalgeschützte Villa eines arabischen Clanchefs. Die war zwar mit »nicht legalem« Geld erworben worden, doch der Mietvertrag kann nicht gekündigt werden. So benutzt jener Clan auch das angrenzende Gartengrundstück zu Freizeit und Vergnügen. Doch das ist nicht rechtens, die Nutzung des Rasens ist nicht Bestandteil des Vertrags.

Nun sollten also Villa und Grundstück durch einen hohen Metallzaun (auf Steuerzahlers Kosten natürlich) durch die Polizei (auf Steuerzahlers Kosten natürlich) getrennt werden. Zur Sicherheit der Bauarbeiter kamen jene 75 Polizisten mit. Ein schwer bewaffnetes SEK. Mehr Volksverdummung geht nicht.

Fast nebenbei wurde auch nach einer Waffe gesucht. Die natürlich nicht gefunden wurde. Doch der Zaun steht. Für 75 Polizisten eine Tagesbeschäftigung.

Auch der politische Kontrollwahn bei den Corona-Maßnahmen hat dazu geführt, dass Polizeibeamte zunehmend mit Petitessen beschäftigt sind. Die Polizei wird auf alles gehetzt, was sich auf Spiel- oder Sportplätzen tummelt. Oder in Lokalen oder auf Parkbänken. Da geht es dann nicht um einen kriminellen Araber-Clan, da geht es »nur« um Eis essende Senioren oder spielende Kinder. Oder es geht um einen Jugendlichen, der ohne Maske durch einen Hamburger Park geht und von einem Streifenwagen (!) quer durchs Grün in einer beispiellosen Hetzjagd verfolgt wird. Man muss eben Prioritäten setzen.

Bayerns Innenminister sieht im Augenblick Corona-Kontrollen als vorrangige polizeiliche Aufgabe und spielt einen Gesetzesverstoß gegen den anderen aus: »Das ist im Moment einfach wichtiger, als Parkverstöße oder überhöhte Geschwindigkeit zu kontrollieren. Die höchste Gefahr geht von Corona aus, da muss die Polizei eine Priorität setzen.« Das verkündet ein Innenminister (!) öffentlich. Wurde uns nicht immer gesagt, dass verkehrsbehindernde Parkverstöße und Raserei kostbares Leben vernichten können? Will er demnächst die Gefängnisse leeren, damit für »Corona-Sünder und Impfverweigerer« Platz ist?!

Kein Wunder, dass sich die Beamten fragen: »Bin ich dafür Polizist geworden?« Dieser Alarmruf kam im Sommer 2021 aus Sachsen. Für eine Studie *Polizeidienst in Krisenzei-*

ten des sächsischen Instituts für Polizei- und Sicherheitsforschung wurden 2 323 Beamte befragt. 103 Seiten stark ist die Studie, noch stärker ist deren Inhalt. Das Ergebnis ist eine Bankrotterklärung für jeden politisch Verantwortlichen. Die Polizisten beschweren sich massiv über ihre Einsätze zu »übertriebenen Corona-Kontrollen«. Im CDU-Land Sachsen!

Ein Satz zum Einsatz, den *BILD* zur Titelzeile machte, erschüttert zutiefst: »Ich bin nicht Polizist geworden, um Leute zu bespitzeln.« Beamte beklagen sich darüber, dass sie dazu eingesetzt wurden, »herauszufinden, ob drei Omas im Park aus zwei oder drei Haushalten stammen«. Und sie haben auch gleich eine sarkastische Lösung: »Dafür sollte man ehemalige Stasi-Mitarbeiter einsetzen.«

Kein Wunder also, dass Sachsens CDU-Regierung »not amused« ist, dass diese brisante Geheimstudie an die Öffentlichkeit kam.

Gendergerecht fliegen

Es war nur eine Frage der Zeit, wann auch die Lufthansa umsteuern und den Kurs ändern würde. Milliarden Steuersubventionen des arbeitenden Volkes, großzügig überwiesen vom Regenbogen-Team um Merkel, Söder und Co., müssen ja irgendwelche Gegenleistungen erbringen. Klar, zur letzten Bundestagswahl setzte die Union in Torschlusspanik auf Anti-Gender-Getrommel, um die letzten Getreuen nicht auch noch zu verprellen. Aber das war wohl leider bloß Wahlkampf, denn dieselbe Union macht in Städten, Gemeinden und Behörden bei der Zerstörung unserer Sprache eifrig mit. In einem sauerländischen, von der CDU regierten Städtchen muss man selbst bei der Hundesteuer ankreuzen: m/w/d. Eine Partei, die auf den Hund gekommen ist.

Jetzt zeigt sich auch die Lufthansa als getreue Dienerin der Herrschenden, die sich in deren Aufsichtsräten tummeln. »Wes Brot ich ess, des Lied ich sing.« Und das lautet bald so: »Guten Tag« oder »Tach« oder wie auch immer. Auf jeden Fall nie mehr »Ladies and Gentlemen« oder »Willkommen an Bord, meine Damen und Herren«. Die Crews sollen künftig, so will es der Vorstand, »die Gäste an Bord mit geschlechtsneutralen Formulierungen willkommen heißen«. Diese Regelung gilt für alle Airlines des Konzerns einschließlich Austrian, Swiss und Eurowings.

Es gibt also kein Entrinnen mehr vor der Umerziehung, sei es zu Wasser, zu Lande und nun auch in der Luft. Höchstens wenn ich von Berlin nach Saarbrücken fliege. Da macht die dänische Linie DAT diesen Zirkus nicht mit. Die konzentrieren sich lieber aufs Fliegen und können sogar richtig gut Fußball spielen.

Warum ist die Lufthansa nicht konsequent und geht gleich aufs Ganze? Regenbogenfarbene Maschinen und entsprechende Kleidung des Personals, zumindest Armbinden, die es ja beim DFB oder bei Bayern München im Sonderangebot gibt. Das wäre doch was für den Anflug auf Saudi-Arabien, Dubai und Kuwait, oder?! Und vor Beginn jeden Fluges empfehle ich statt der langweiligen und überflüssigen Sicherheitseinweisungen, denen ohnehin niemand zuhört: Kniefall gegen Rassismus. Die neue Buß- und Ablass-Religion.

Das wäre doch so ein wunderbar wokes Rundum-Wohlfühl-Paket, auch hilfreich für die Werbung und ein guter

Grund für die nächste Preiserhöhung. Auf diese Weise blieben die Kurzstreckenflüge erhalten, dienen sie doch dem guten Zweck, mit geheiligten Mitteln Zeugnis für eine gute Sache abzulegen. Als kurze Weihestunde fürs richtige Gendern gewissermaßen. Ich sehe in den ersten Reihen, von meinen Steuern finanziert, im Flieger immer Klima-Jünger*in_nen aus den Parlamenten sitzen, denen man damit huldigen könnte. Was schert einen das Geschwätz über CO_2. Das ist ja fürs dumme Volk gedacht. Herr Lauterbach (inzwischen für Gesundheit statt für Talkshows zuständig) sitzt schließlich auch mit Handy am Steuer seines Autos. Und die SPD-Bundestagsfraktion lässt sich eng an eng ohne Masken fotografieren. Und die schärfste Anti-Flug-Ideologin der Grünen übernahm jetzt ausgerechnet das Vielflieger-Ministerium, in Postkutschen-Zeiten Auswärtiges Amt genannt. Da fehlen einem die Worte.

Auf einem Flug von Berlin nach Stuttgart. An Bord Fritz Kuhn, Ex-Oberbürgermeister der Schwaben-Metropole und Aushängeschild der Grünen. Er sitzt natürlich Business auf diesem Kurz(!)streckenflug. Was schert mich mein Geschwätz, Annalena grillt ja auch gern Würstchen und nicht nur Maiskolben. Ein Cleverle unter den Passagieren sieht das und trompetet laut durch den Flieger: »Na, das nenn' ich konsequent, Herr Kuhn: Uns die Kurzstrecke nehmen wollen, aber selbst damit fliegen, und dann noch zum teuersten Tarif.« Der wackere Schwabe blieb stehen und schimpfte weiter, bis ihn die Stewardess scharf zurechtwies, er solle hier das Einsteigen nicht behindern und weiter zu seinem Platz gehen. Doch der erwidert schlagfertig und konsequent: »Ich rette hier gerade Ihren Arbeitsplatz!«

Was grüne Konsequenz heißt, sieht man im einst christlich-sozialen Bayern: Der Staatsclub (sozusagen das Dynamo Dresden der CSU) lässt sich von Qatar Airways mit Millionen sponsern und würde am liebsten sogar den Rasen in Regenbogenfarben tönen. Perfider kann die Heuchelei nicht sein. Und der DFB ist noch schlimmer. Sponsor Lufthansa kann sich das Sponsoring nicht mehr leisten, dafür verhandelt man jetzt auch mit Qatar Airways. Klar, dieses Land ist ja Inbegriff der Regenbogentoleranz. Da können ehebrechende Frauen, missionarische Christen oder bekennende Schwule gleichermaßen gesteinigt werden. Egal, Hauptsache, Regenbogen.

Ach, wie gut, dass niemand weiß, dass ich Pharisäer heiß'. Das hilflose Volk wird sich die Sprache einer selbsternannten »progressiven« Elite jetzt auch beim Fliegen gefallen lassen (müssen). Erträgt man das doch bereits in Kirchen, Schulen, Unis und an den Arbeitsplätzen großer Konzerne – ich sage nur: Audianer_innen. Die sprachpolizeiliche Diktatur beherrscht nun also auch den Luftraum.

Vorbei die gute alte Zeit von Reinhard Mey: »Über den Wolken muss die Freiheit wohl grenzenlos sein.« Freiheit war gestern. Ab jetzt gilt das bei der Lufthansa nur noch für geimpfte, Lockdown liebende, kniende, sprachgerechte Regenbogen-Passagiere.

Das Schweigen der Frauen

Manchmal bedauert man es, recht gehabt zu haben, und es wäre einem lieber, man müsste sich Panikschreibe und

Stimmungsmache vorwerfen. Doch leider werden Prognosen oft von der Realität weit überholt. »Wo sind eigentlich die Mütter?« Das fragte ich in früheren *Quadriga*-Bestsellern zum Thema Missbrauch von Kindern in der Familie. Panikmache?

Es dauerte eine Weile, dann brachte die linksliberale *Süddeutsche Zeitung* es mit einer riesigen Schlagzeile schließlich auf den Punkt: »Das Schweigen der Mütter«. Sie, die Mütter, wissen meist, was da in der Familie abläuft, schlagen aber aus unterschiedlichen Motiven keinen Alarm. Gerade das ist es, was Kinder oft verzweifeln lässt: Auch die Mütter waren Täter, und als hilfloses Geschöpf, als schwächstes Glied unserer Gesellschaft schlichtweg im Stich gelassen zu werden, das ist die Hölle.

Im Bericht der Unabhängigen Kommission zur Aufarbeitung von Kindesmissbrauch heißt es: »Oft sind es ausgerechnet die Mütter, die wegsehen und schweigen oder ihre Kinder sogar beschimpfen, wenn sie sich ihnen anvertrauen, anstatt sie zu beschützen.« Auf einmal ... Inzwischen werden auch solche herzlosen Rabenmütter endlich nicht mehr freigesprochen. Sieben Jahre und neun Monate musste eine Frau aus Münster hinter Gitter, wegen Beihilfe und Unterlassung. Treffende Presseschlagzeile: »Von der Mutter geopfert«.

Dasselbe fragt man sich bei einem zweiten schauerlichen Thema, das immer stärker in unsere Gesellschaft dringt und meist junge Mädchen gnadenlos zu Opfern von Gruppenvergewaltigungen macht. Wo ist der Aufschrei? Wo ist die viel beschworene Solidarität der Frauen? Durch ihr schockierendes Schweigen machen sie sich selbst zu dem, was sie doch nicht sein wollen: das schwache Geschlecht. Kein Aufschrei von der (»christlichen«) Frauenunion, von Kirchen, Grünen, Frauenrechtlerinnen, Journalistinnen und all denen, die doch sonst lautstark für alles eintreten, was sich gegen Benachteiligung richtet. Keine Massendemonstration vor dem Brandenburger Tor.

Hier geht es oft um das nackte (Über-)Leben, und es herrscht Schweigen im Walde. Klar, das Thema ist vielen peinlich, wenn es sich, wie so häufig, bei den Tätern um Migranten, Flüchtlinge und Asylbewerber handelt und man naiv und gutgläubig davon ausgeht, uns erreichten bloß Ärzte und Facharbeiter, teils mit einer kirchlichen Mittelmeerflotte herbeigeschifft, die uns um eine bunte, weltoffene Friedensreligion bereichern, die sie »schutzsuchend« im Gepäck haben. Wie kleine Kinder im dunklen Keller pfeift man sein Regenbogen-Lied und verschließt die Augen, als würde man damit die Realität unsichtbar und ungeschehen machen. Bis in die Spitze der Politik hinein, vor allem der »christlichen«. Baby-Gebaren, das zum Himmel schreit.

Gruppenvergewaltigungen, das Allerschlimmste, was man Frauen und Mädchen antun kann, sind in Deutschland inzwischen an der Tagesordnung. Jeden Tag zwei! Ganz zu schweigen von der Dunkelziffer! Die Zahlen schockieren: 2018 waren es 659, 2019 sogar 710 und 2020 wieder 704. So die offizielle Statistik des Bundeskriminalamtes. Meist kommen die brutalen Täter aus Afghanistan, Syrien oder aus dem Irak. Während zum Beispiel »nur« 0,3 Prozent der Menschen in Deutschland Afghanen sind, stammten sechs Prozent der Täter aus diesem Land. Die meisten begehen ihre brutalen Taten, während ihr Asylverfahren noch läuft.

Schlagzeilen wie diese gehören inzwischen zum Alltag: »Die Grauenvollen von Freiburg« oder »Gruppenvergewaltigung in Tübingen« oder »Flüchtlinge missbrauchen 16-Jährige in Leer«. Bei letzterer Schandtat wurden die Täter vom Richter sogar erst mal wieder auf freien Fuß gesetzt. Klar, wenn es durch den Gerichtssaal schallt: »Wir wissen, wo du wohnst und wo deine Kinder zur Schule gehen, lieber Richter, lieber Staatsanwalt, lieber Polizist ...« Mein Freund Wolfgang Bosbach bringt es glasklar auf den Punkt: »Nicht jeder, der zu uns kommt, sieht unser Land als Zufluchtsort. Nicht wenige sehen ihn auch als Tatort.« Keine einzige Silbe von diesen ernsten Gefahren für unsere Gesellschaft steht im Koalitionsvertrag der pseudo-frauenfreundlichen Parteien SPD, Grüne und FDP.

Der Skandal: Obwohl das tägliche Grauen seit Jahren zum Alltag gehört, geschieht nichts, absolut nichts. Die muslimische Frauenrechtlerin Necla Kelek, die nur bewacht von Leibwächtern in meine Sendung kommen konnte (und zwar nicht wegen Skinheads!), schlägt immer wieder Alarm. Sie bleibt ungehört, völlig ungehört. Warum werde nicht klar benannt, fragt sie, aus welchem kulturellen und vor allem religiösen Milieu die (jungen) Männer kommen, die ihre Blutspur durch Deutschland ziehen? »Die Migrationsforschung muss hinterfragen, wie es passieren kann, dass ein junges Mädchen Opfer von Männern wird, die aus einem anderen Kulturkreis stammen.« Kelek weiter: »Gruppenvergewaltigungen sind das Grauenhafteste, was einer Frau passieren kann. Wenn die Gesellschaft sie damit allein lässt, wird die Seele fast ausgelöscht.« Eine Muslimin schreit auf, wo Christen und Christinnen (!) schweigen.

Unfassbar die Verharmlosung durch den SPD-Kriminologen Christian Pfeiffer: »Frustrierte junge Männer, die es nicht schaffen.« Ach! Solche Männer gibt es unter denen, die früher Deutsche hießen und heute im CDU-Jargon »schon länger hier Lebende« genannt werden, doch zuhauf. Greifen die alle zum Messer?! Womöglich unter dem Schlacht(!)ruf: »Gelobt sei Jesus Christus«, wie Henryk M. Broder ironisch schrieb.

Dagegen rät einer, der das alles biografisch selbst erlebt hat, der in Israel geborene Palästinenser Ahmad Mansour: Man müsse schonungslos Hintergründe und Motive aufdecken dürfen, ohne gleich in die rechte Ecke gestellt zu werden. Ohne korrekte Diagnose keine heilende Therapie. So einfach ist das. Dieses ganze westliche »Me Too«-Getue bleibt so lange elitäre Selbstbefriedigung, wie ein ganzer Kulturkreis per se das »Nein« einer Frau nicht akzeptiert.

Wenn Frauen sich im Rechtsstaat Deutschland nicht mehr auf die Straße trauen, dann ist das Maß mehr als voll. Doch wo ist der Aufschrei der Frauen? Wo wehren sie sich in Massendemonstrationen gegen das politische Versagen bei Gruppenvergewaltigungen? Warum wird eine »Religion« nicht entlarvt, wenn sie Frauen-Verachtung lehrt und das weibliche Geschlecht als minderwertig behandelt? Auch kein Wort zur menschenverachtenden Homophobie, die ebenfalls zum Markenkern der »Friedensreligion« gehört, deren treueste Anhänger deutsche Bischöfe zu sein scheinen.

Es muss Schluss sein mit der Demütigung von Frauen im Land des Grundgesetzes. Nicht Gender, Gleichberechtigung, DAX-Konzern-Leitungsposten oder gar die Frauenquote von CDU und CSU sind das Problem. Es geht für Frauen inzwischen um körperliche Unversehrtheit. Um lebenslängliches Leiden. Doch die Frauen schweigen. Wie die Mütter. So wird Deutschland zur Hölle.

Erich ante portas?

Nein, was das volle Maß angeht, da ist noch viel Luft nach oben. Zwei Jahre, wöchentlich 7 Tage à 24 Stunden Medienkonsum, eingesperrt in Lockdowns und Homeoffice- und Homeschooling-Wahnsinn. Das bleibt nicht ohne Folgen. Die inzwischen abgewählte Kanzlerin, während der Flut noch gemütlich mit Joe Biden im Weißen Haus Wein trinken und mit seiner Vize-Ideologin für Gender, *Black Lives Matter* und Abtreibung frühstücken, besucht nun endlich den zentralen Ort der verheerenden Flutkatastrophe: Schuld in Rheinland-Pfalz.

Die *Süddeutsche Zeitung* berichtet ganzseitig wie bei Hofe, als hätte sich Erich huldvoll herabgelassen, mal eben von Wandlitz ins Umwelt-Elend von Bitterfeld zu reisen. Die neue Gesellschaft in ihrem Lauf hält weder Flut noch Giftstoff auf ... Der Armin war ja schon da im Rahmen des Gummistiefel-Tourismus und hat schallend gelacht bei der Andacht des Präsidenten. Jetzt Mutti. Ach, wie herzig und voller Tränen und Emotionen wird reportiert. Kein Wort, dass deren Regierung schändlich versagt hat.

Dafür wird in der *SZ* eine Frau zitiert (»in grüner Arbeitshose mit einer Schaufel in der Hand«): »Ich bin froh, dass die Kanzlerin nicht früher gekommen ist. So haben wir wenigstens vorher ein bisschen sauber machen können.«

Da bleibt einem doch glatt die Spucke weg. Erich ante portas?

Im Gegenzug der Ortsbürgermeister. Im Netz wird der Vorfall so geschildert – es sollte sich jeder das *YouTube*-Filmchen vom Besuch der Kanzlerin in dem von der Sturzflut stark betroffenen Ort Schuld ansehen –: Sie schwurbelt und schwadroniert und weist darauf hin, wie wichtig gerade jetzt die Bekämpfung des Klimawandels ist, als der mutige SPD-Bürgermeister Helmut Lussi darum bittet, ein Statement abgeben zu dürfen.

Und er erklärt sachlich, dass in den Annalen des Ortes schon 1790 eine vergleichbare Flutwelle erwähnt wird, die ja wohl nicht das Geringste mit dem »Klimawandel« zu tun gehabt haben konnte (da es noch keinerlei Industrialisierung gab)! Interessant zu sehen, wie für einen Moment die Gesichtszüge der Kanzlerin entgleisen. Das hat gesessen. Das Gerede vom Klimawandel: wie ein luftiges Soufflé jäh zusammengefallen.

Der tapfere Lussi weint bitterlich in die Kameras. Kommentar *Süddeutsche Zeitung*: »Als der Bürgermeister weinen muss, blickt Merkel ihn tröstend an.« Den Journalisten-Kurs muss ich noch nachträglich belegen, den hatte ich verpasst: tröstend ansehen. Ach so: Und »die Menge spendet warmen Applaus.« Warmer Applaus! Na, ist das etwa nix ...

Die Anti-Corona-Mogelpackungs-Industrie

Wie viele externe Experten der Werbebranche waren dafür wohl nötig? Wie viele Millionen hat das wohl wieder gekostet? Aber wir haben's ja. Erinnern Sie sich noch an das »Gute-KiTa-Gesetz« der Frau »Doktor« Giffey? Auf die Idee muss man erst mal kommen, sich gleich selbst mit hochzujubeln und damit Kritik zu unterlaufen. Da kann man noch was lernen. Ich sollte künftig besser werben mit dem »Gute-Hahne-Buch«, was jedoch irgendwie nach »Gute-Nacht-Geschichten« klingt. Aber kann man nach meinen »Geschichten« wirklich ruhig schlafen?

Die Corona-Politiker haben wenig Substanzvolles zustande gebracht. Pleiten, Pech und Pannen säumten ihren Weg bis zur Abwahl. Doch die neue Ampel-Regierung fährt auf diesen alten Gleisen fröhlich fort. Und doch hinterlassen sie besonders eindrückliche Spuren. Sozusagen die Siebenmeilenstiefel der Propaganda. Vorbilder aus der Geschichte zu nennen versage ich mir. Ein Euphemismus jagt den anderen. Die Schönrednerei hat Hochkonjunktur. »Framing« nennt man das neudeutsch. Reziprok zu den Erfolgen einer vernünftigen Maßnahmen-Politik. Wenn auch nicht unsere Freiheit, aber unser Wortschatz ist bereichert worden.

»Wellenbrecher-Lockdown!« Wow, wie kuschelig. Wer denkt da nicht an Karibik, Mittelmeer oder zumindest an die Nordsee. Urlaub, Strand und Sonnenschein. Und dazu die Wellenbrecher aus Strandkorb oder Liegestuhl betrachten, am besten bei Sonnenuntergang und mit einem Glas Rotwein in der Hand. Dieser Brecher der vierten (oder war es schon die fünfte?) Welle wurde monatelang beschworen, doch weder die Welle kam, noch funktionierte der Brecher. Wie bei der Werbung: viel heiße Luft.

Und überhaupt das Wort Lockdown. Das klingt so cool und trendy. Das *Cambridge Dictionary* jedoch erklärt den

Begriff »Lockdown« als »einen Notfall, in dem Personen aufgrund von Gefahren nicht frei in ein Gebäude oder einen Bereich eintreten, diesen verlassen oder sich darin frei bewegen dürfen«. Das klingt dann doch eher nach Brandalarm, Terroranschlag oder Erdbeben. Warum nicht auf Deutsch? Das niedliche Wort Lockdown kaschiert nichts anderes als Hausarrest, Freiheitsberaubung oder Zu-, Ein- und Aussperren. Ja, dann sagt's doch!

»Social Distancing« klingt auch viel hübscher als »Haltet euch fern voneinander, ihr Aussätzigen, aber hopp!«. Dabei bedeutet dieses Marketing-Monstrum ja in Wahrheit: »gesellschaftliche Distanz«. Dies ist aber nicht gemeint, sondern »Sicherheitsabstand«. Der Begriff ist also – wie das meiste Denglisch – bodenloser Blödsinn und verniedlichende Volksverdummung.

Goldig auch der PR-Gag »Superspreader-Event«. Da weiß doch meine Mutter (96) sofort Bescheid. Auch die anderen fünfundsechzig Prozent der Deutschen, die des Englischen nicht oder nur ein wenig mächtig sind. Gemeint ist ein Superverbreitungsereignis zur Weitergabe von Viren. Also zum Beispiel Kanzlerin und Bundespräsident im vollgepfropften Berliner Ensemble (so eine Art Virus-Wandlitz) zu Wolf Biermanns fünfundachtzigstem Geburtstag. Während die Hausarrest-Pläne fürs gemeine Volk schon in der Schublade lagen. Oder das Foto der neuen SPD-Bundestagsfraktion, eng an eng ohne Masken. Alles virologisch-epidemische Zeitbomben, also niedliche Superspreader. Vermutlich sind die Beweisfotos inzwischen gelöscht.

Und dann der »Impfdurchbruch«. Wer kein Gendiot oder Legastheniker ist und die deutsche Sprache noch halbwegs versteht, begann zu jubeln: Waaaaahnsinn! Endlich der Durchbruch! Wir kennen diesen ersehnten Moment doch: Durchbruch bei festgefahrenen Verhandlungen, lebensrettender Durchbruch beim Bergwerksunglück unter Tage, Durchbruch bei Wissenschaft und Forschung, wenn endlich ein Mittel gefunden ist.

Doch dieser regierungsamtlich verordnete Begriff, kritiklos von den regierungsamtlichen Medien übernommen, bedeutete in Wahrheit das Kaschieren des Gegenteils. Da fanden sich Geimpfte plötzlich unter den Infizierten, in den Intensivstationen oder im Grab. Was für ein Durchbruch! Henryk M. Broder, der selbst ein »Durchgebrochener« war, fand nur noch Spott und Hohn. Diese Wortkosmetik sei nichts als Etikettenschwindel: »Man sprach ja auch vom Lebensraum im Osten oder vom Antifaschistischen Schutzwall«, zitiert er gleich zwei jüngere Diktaturen auf deutschem Boden. In Sachen Propaganda waren die bekanntlich unschlagbar.

Höhepunkt der Schönfärberei dreckiger Regierungswäsche war schließlich die »Auffrischungsimpfung«. In Wahrheit hieß diese fröhliche Auffrischung (mit Lenor? Mit frischem Wind? Mit einer Reha-Kur? Mit Anti-Age-Kosmetik?) nichts anderes als, um es mit Olaf Scholz zu sagen: Wir waren alle »Versuchskaninchen«. Denn nach zwei relativ wirkungslosen Impfungen voller Risiken und Nebenwirkungen (ein Medizinprofessor unter vier Augen: »Mit diesem Dreck lasse ich mich nicht impfen«) musste eine dritte her. Doch »dritte« klingt natürlich wie dritte Wahl, letzter Versuch – also längst nicht so schön wie »Auffrischungsimpfung«.

Als die Bürger diesen Euphemismus durchschauten und dieses urdeutsche Wort auch irgendwie an »Kraft durch Freude« erinnerte, legten Werbestrategen (nicht etwa Impfstoffforscher oder die Pharmaindustrie, die schliefen selig) den Hebel um: »Boostern«! Gesprochen mit tausend »Os« beziehungsweise »Us«: buuuustern. Niedliches Baby-Booster-Eiteitei. Klingt so ein bisschen nach alter Hollywood-Klamotte, wo der alte weiße Mann mit eindeutiger Kopfbewegung sagt: »Komm, Kleine, lass uns buuuuuustern!« »Boostern im Turbo-Gang«, jubilierte die *Tagesschau* zum Jubel der Herrschenden. Supercool, echt geil: boostern. Statt: Wir müssen noch mal ran, weil rauskam, dass uns politische Etikettenschwindler das Blaue vom Himmel versprochen hatten, aber keinen wirkungsvollen Schutz.

Ich wünschte mir, die Herrschenden samt ihrer Hof-Wissenschaft wären in etwa so kreativ bei der Corona-Bekämpfung wie bei der Erstellung von Mogelpackungen. Wir hätten ein paar Probleme weniger. Den Kollegen Broder erinnert das Ganze sogar an finsterste Zeiten: »Und so, wie sie nach der Niederlage von Stalingrad noch daran geglaubt haben, es könnte irgendwann mal noch einen ›Endsieg‹ geben, so glauben ganz andere Leute mit derselben Haltung zum Leben daran, man könnte Corona auf administrativem Wege besiegen.« Doch dazu helfen keine Placebos aus der Requisitenkammer der Wortakrobatik.

Und noch zu guter Letzt: Die erste Erwähnung des Wortes »Lockdown« im heutigen Sinn gab es übrigens 1973 nach einem Vorfall im California State Prison (fast 6000 Schwerstkriminelle). Nach einer Messerattacke auf einen Mithäftling wurden die Gefangenen in ihre Zellen eingesperrt – das Zuchthaus ging in den »Lockdown«. Das Opfer der Messerattacke hieß, kein Fake, ausgerechnet Juan Corona. Der amerikanisch-mexikanische Serienmörder hatte in wenigen Wochen fünfundzwanzig Männer getötet, alle vierzig Stunden einen. Ein Superspreader-Turbo also, ein mörderischer Wellenbrecher, dieser Herr Corona. Der musste zur Auffrischung dann ins Gefängnis.

Herzogs Bruchbude

Ja, so hat er es wirklich genannt, das Schloss Bellevue: »Bruchbude!« Roman Herzog war für seinen schonungslos entlarvenden Sarkasmus berüchtigt. Als Gast meiner Sendung kam er zum Beispiel aus Sicherheitsgründen einmal zum »Lieferanteneingang« des Berliner *ZDF*. Mit Blick auf den komplizierten Weg ins Studio fragte ich ihn: »Darf ich vorangehen, Herr Bundespräsident?« Prompte Antwort: »Aber gerne doch, Herr Hahne! Das sage ich meiner Frau auch immer; denn geschossen wird ja bekanntlich auf die Ersten.«

Unvergessen auch seine trockene Replik auf eine übertrieben ausgeschmückte Laudatio: »Ich lebe ja noch.« Oder dieser Volltreffer bei einer Bildungsrede: »Die ganze Gesellschaft leidet bei uns an eingeschlafenen Füßen, die allerdings bis ans Hirn führen.« Typisch auch die Beschreibung unserer Elite: »Neunzig Prozent tragen Bedenken, zehn Prozent Verantwortung.«

Die »Bruchbude« allerdings, in der er residierte, besteht wirklich fast nur noch aus Fassade. Im Inneren ist alles kaputt, rein baulich natürlich. Doch dass das Corpus Delicti in kurzen Abständen immer wieder für Millionen und Abermillionen renoviert werden muss, das steht auf einem anderen Blatt. Ein Zeichen, dass den aus ihrem Paralleluniversum heraus Herrschenden jedes Maß abhandengekommen ist.

Klar, solange der Steuerzahler als Melkkuh und Goldesel bereitsteht, lässt sich gut prassen. Wie geschickt uns das Geld aus der Tasche gezogen wird, auch dazu ein herzogliches Wort: »Ich jedenfalls kann unser Steuersystem nicht mehr verstehen, obwohl ich mich zehn Jahre mit Steuern in Karlsruhe (als Bundesverfassungsrichter) befasst habe.«

Seit 1994 ist das Schloss Bellevue der Amtssitz des Bundespräsidenten. Unter den Hohenzollern war die »Bruchbude« mit dem euphemistischen französischen Mogelpackungs-Namen »Schöne Aussicht« die schlichteste aller Residenzen. Heute besteht die »schöne« Aussicht aus einem S-Bahn-Viadukt oder grillenden Großfamilien türkischer Herkunft im benachbarten Tiergarten. Rindersteak-Schwaden schaffen gute Luft zur schönen Aussicht. Für Kaiser Wilhelm II. war das »Schloss« nur noch gut als »Gesamtschule« für den Privatunterricht seiner Kinder. Ab 1938 unter Hitler war es eine Art Gästehaus für unliebsame Dauermieter wie den Großmufti von Jerusalem.

Abermillionen wurden investiert, um den Amtssitz des höchsten Repräsentanten unserer Demokratie 1994 zu renovieren. Im Jahr 2004 gab es dann erneut eine millionenschwere umfangreiche Sanierung. Und jetzt, knapp zwanzig Jahre später, steht die nächste an. Sozusagen Renovierung im Jahrzehnte-Takt. Würde ein Privatmann so bauen, er müsste für seine Lebensmittel Sozialhilfe beantragen und könnte sich noch nicht mal Mobiliar für das Dauersanierte leisten.

Doch damit nicht genug. Das Maß ist längst noch nicht voll: Neben dem Schloss steht das »Präsidenten-Ei«, wie es die Berliner Schnauze nennt. Das ovale Gebäude aus schwarzem Naturstein beherbergt die rund 220 Mitarbeiter des Bundespräsidialamtes. 1998 wurde es eingeweiht und ist bereits auch schon wieder sanierungsbedürftig. Irre! Nach zwanzig Jahren und damals 46 Millionen Baukosten!

Zwischenzeitlich soll die gesamte Präsidenten-Truppe nach Moabit (nicht das Gefängnis) umziehen in einen eigens dafür errichteten repräsentativen Neubau. Dieser Spaß kostet den Steuerzahler dann mindestens 65 Millionen Euro Miete. Miete! Allein die Linkspartei fragte nach, was denn bei der Totalsanierung 2004 schiefgelaufen ist und ob dies das richtige Signal an die Bürger sei, die nun als Geldautomat für Fehlleistungen missbraucht würden. Ein »mittlerer dreistelliger Millionenbetrag« muss für diesen Pfusch bezahlt werden, so der Haushaltsausschuss des Bundestages.

Und zur Krönung der Volksverdummung sei noch nebenbei angemerkt: Die Sanierungspläne des Flaggschiffs der Demokratie wurden an dem Tag bekannt, als das Flaggschiff der Bundeswehr auf Probefahrt ging. Zehn Millionen Euro sollte die Restaurierung der *Gorch Fock* kosten, 135 wurden es. 135 Millionen Euro! Plus Andocken der Hauptverantwortlichen im sicheren Hafen der EU-Kommissionspräsidentin. Sozusagen als Belohnung für außerordentliche Fähigkeiten in der Navigation unserer Armee.

Das alles hat Methode in Deutschland. Den Zuschlag für die Mehrfachsanierungen am Pfusch-Bau Bellevue erhielt jetzt ein Architekturbüro, das auch am legendären Milliardengrab namens Flughafen BER mitgewirkt hat. Schöne Aussichten!

Rassistisch rechnen

Noch ist Deutschland davon verschont. Noch. Aber dieser Wahn wird über kurz oder lang über den Großen Teich auch zu uns gelangen. Wetten, dass ...? Zwei US-Bundesstaaten und die kanadische Provinz Ontario machen sich zum Vorreiter einer besonderen Stufe des Antirassismus-Irrsinns: Weil Schüler aus Minderheiten häufig schlechter in Mathe abschneiden (was ja an sich schon eine rassistische Behauptung ist), soll jetzt Mathematik in den kulturellen Kontext der jeweiligen Herkunft gesetzt werden. Zu Deutsch: Zwei plus zwei muss dann nicht mehr unbedingt vier ergeben. Schließlich war auch Adam Riese ein alter weißer Mann.

Die Blaupause für diesen »Rassismus« gegen die schwarze Minderheit stammt aus dem US-Bundesstaat Oregon, einer linksliberalen Hochburg (deren Wähler allerdings inzwischen wie in Virginia die Flucht Richtung Trump ergreifen). Dort werden Mathelehrer darüber aufgeklärt: »Die Kultur der weißen Überlegenheit (›white supremacy‹) zeigt sich im Klassenzimmer, wenn der Fokus darauf liegt, unbedingt die ›richtige‹ Antwort zu bekommen.« Die Belehrung klingt abenteuerlich für eine bis dato als exakte Wissenschaft bekannte Disziplin: »Die Vorstellung, dass Mathematik rein objektiv ist, ist eindeutig falsch, und dies zu lehren ist noch viel weniger zutreffend. Die Aufrechterhaltung der

Idee, dass es immer richtige und falsche Antworten gibt, manifestiert die Objektivität ebenso wie die Angst vor offenen Konflikten.«

Der Rat für die alten weißen Männer, die es tatsächlich noch wagen, ideologiefrei, wissenschaftlich und mit Emphase junge Leute für das komplizierte Wesen von Algebra und Geometrie begeistern zu wollen, lautet so: »Wählen Sie Aufgaben, die komplexe, konkurrierende oder mehrfache Antworten haben. Denken Sie sich mindestens zwei Antworten aus, die diese Aufgabe lösen könnten. Stellen Sie standardisierte Testfragen infrage, indem Sie die ›richtige‹ Antwort finden, aber andere Antworten rechtfertigen, indem Sie die Annahmen, die diesen zugrunde liegen, offenbaren.«

Und dann empfehlen die Bildungs-Ideologen des Kultusministeriums von Oregon, die ganze bisherige Lehre grundsätzlich zu überdenken, ja völlig zu korrigieren. Statt reine Wissenschaft soll es künftig *Black Lives Matter*-Ideologie geben: »Hinterfragen Sie den Zweck des Mathematikunterrichts, und präsentieren Sie ihn neu. Die Schulbildung, wie wir sie kennen, begann während der industriellen Revolution, als Präzision und Genauigkeit hochgeschätzt wurden. Was sind die unzähligen Möglichkeiten, wie wir Mathematik in der heutigen Welt und darüber hinaus konzeptualisieren können?«

Zu den Relationen: Oregon hat 4 237 256 Einwohner (Stand: Zensus 2020), davon sind 86,7 Prozent Weiße, 13,4 Prozent Hispanics, 4,9 Prozent Asiaten, 1,8 Prozent Indianer, 2,2 Prozent Schwarze und Afroamerikaner, 0,5 Prozent Hawaiianer oder andere Pazifische Insulaner. Es kann also nur noch kurze Zeit dauern, bis auch wir eine neue Mathematik bekommen. Nach der amtlichen Opportunisten-Skala (nach unten offen) wäre vielleicht Bayern wieder Vorreiter. (Dadurch würden auch manche Minister nicht mehr auffallen: »Jeder Vierte ist schon geimpft, bald wird es jeder Fünfte sein.«) Ganz zu schweigen vom Verwechseln von brutto und netto. Berlin ist schon so weit. Der Satiriker Dietmar Wischmeyer: »Dort lernt die zwölfte Klasse mit dem Mathebuch *Kevin hat drei Kekse – Rechnen mit einer Hand.*«

Man stelle sich diesen Wahnsinn einmal in der Medizin vor. Christiaan Barnard gelang im Groote Schuur Hospital in Kapstadt am 3. Dezember 1967 die erste Herztransplantation. Der Mediziner war bekanntlich ein Weißer, Sohn einer burischen Predigerfamilie, und praktizierte in einem Land, das damals auf dem Höhepunkt der Apartheid war. Das Deutsche Herzzentrum müsste diese lebenswichtigen Operationen im Grunde sofort abschaffen und den hilfesuchenden Patienten freundlich lächelnd (und natürlich mit Kniefall) erklären: »Tut uns leid, aber wir wollen uns nicht schuldig machen mit rassistischen medizinischen Methoden.« Ehrlich: Ob ein Chirurg schwarz oder weiß ist, spielt für mich keine Rolle, aber kompetent sollte er bitte schon sein und nicht mit dem ideologischen Messer herumfuchteln.

Eine Lufthansa-Flugbegleiterin erzählte mir, dass sie Christiaan Barnard gegen Ende der 1990er Jahre auf einem Langstreckenflug als bescheidenen und höflichen Passagier erleben durfte. »Hätte damals jemand an Bord einen Herzanfall gehabt, müsste ich einen Arzt nach der neuen für Lufthansa-Bordansagen eingeführten Gendersprache und politisch korrekt heute wohl so ausrufen: ›Liebe Gäst*Innen, wir haben einen mitfliegenden Reisenden mit massiven Herzproblemen an Bord. Sollten sich unter Ihnen Ärzt*Innen, Rettende oder Heilende befinden, melden Sie sich doch bitte bei den Flugbegleitenden oder dem Mann, der das Flugzeug führt, früher Pilot genannt. Sie, Doktor Barnard, fühlen sich bitte nicht angesprochen und bleiben auf Ihrem Platz sitzen!«

Die junge Autorin der *Jüdischen Rundschau*, Ulrike Stockmann, schreibt zur »antirassistischen Mathematik« im Internetportal *Achse des Guten* süffisant: »Auch ich war in den höheren Klassen schlecht in Mathe. Bei Klassenarbeiten kam es häufig vor, dass ich bei mehrfachem Durchrechnen einer Aufgabe zu unterschiedlichen Lösungen kam. Wie gern hätte ich damals die Möglichkeit gehabt, meiner Lehrerin zwei mögliche Lösungen für eine Gleichung vorzuschlagen. Wer weiß, vielleicht wäre aus mir noch ein Mathe-Genie geworden, und ich würde heute Brücken konstruieren? Aber würde ich auch über diese Brücken fahren? Leider war man damals noch nicht so modern. Und überhaupt: Diese vorsintflutliche ›Präzision und Genauigkeit‹, die in grauer Vorzeit als sinnvoll erachtet wurde, hat heutzutage wirklich ausgedient!«

Demnach sind offenbar nur Weiße mit ihrem »ewigen Exaktheitsfimmel« in der Lage, die Regeln für Mathematik zu verstehen. »People of Color« muss man sie anders erklären. Nur Rassisten würden dies bestreiten. Aus diesem Dilemma könne nur die »Ethnomathematik« hinausführen, »die beispielsweise von Schülern nicht mehr nur einen Lösungsvorschlag für eine Aufgabe verlangt, sondern die Möglichkeit bietet, zwei eventuelle Antworten zu geben«, meinen die vom Wahnsinn befallenen, aber lehrplanrelevanten Ideologen aus Kanada und den USA. Was letztlich nur eins bedeuten kann: Die sogenannten Antirassisten halten die »People of Color« für dumm. Kann man sich einen übleren Schwachsinn vorstellen?

In dem Dokument aus dem kanadischen Ontario heißt es dann noch: »Mathematik ist innerhalb von Kulturen und kulturellen Kontexten verankert und wird in diesen produziert. Der (neue) Lehrplan zielt darauf ab, das historische Verständnis für die Vielfalt des mathematischen Denkens zu erweitern. In einer antirassistischen und antidiskriminierenden Umgebung wissen die Lehrer, dass es mehr als einen Weg gibt, um eine Lösung zu entwickeln, und die Schüler werden mit mehreren Lösungswegen konfrontiert und ermutigt, mehrere Wege zu erforschen, um Antworten zu finden.«

In einer Fußnote werden übrigens die Förderer dieses Irrsinns genannt: »Wir möchten uns auch bei der Bill and Melinda Gates Foundation für die großzügige finanzielle Unterstützung dieses Projekts bedanken.« Noch Fragen?

Nach zwei Jahren Internet-»Unterricht«, als »Homeschooling« verniedlicht und veredelt, kann man froh sein, wenn die künftige Generation überhaupt noch weiß, wie Zahlen geschrieben werden. Es gilt der Grundsatz: Die Schwachen werden nicht stärker, indem die Starken schwächer werden. Für Deutschland hätte ich eine Lösung: Man lagert die Mathematik nach Indien und China aus.

Da der ganze Mathe-Murks zu Corona-Zeiten entstand, fragt man sich: Kann es nicht sein, dass das Robert Koch-Institut (RKI), die Intensivbetten-Zähler, die ministeriellen Geimpften-Statistiker und die Test-Abrechner sich schon länger dieser besonders kreativen Mathematik mit mehreren Lösungen und alternativen Fakten verschrieben haben? Oder ist nicht gleich die ganze Mathematik die reinste Verschwörungstheorie ...

Ach, was den Rassismus betrifft, noch dies: Schwarze null und Schwarzfahren sind jetzt abgeschafft. Der Weg in die Dekadenz ist recht unterhaltsam, oder? Man könnte die alte, weiße Mathe, weil unverzeihlich, auch ganz und gar »rückgängig machen«! Was brauchen wir noch diesen rassistischen Krempel. Es gibt allerdings eine letzte Brandmauer gegen den Irrsinn, auf die der Staat allergisch reagiert: Wir wenden einfach die neue, »antifaschistisch-antirassistische« Mathematik auf unsere Steuererklärung an.

Wo Ideologie auf den Grill kommt

Das wird die Malocher am Fließband sicher freuen. Und es zeigt, dass der Wirtschaftsstandort Deutschland langsam, aber sicher zu einem Irrenhaus mutiert. Ein Fall, der symptomatisch ist für eine Flut weiterer Volksverdummung durch ideologische Verblendung. Ja, Roman Herzog hatte recht, als er mir geradezu testamentarisch sagte: »Uns geht es immer noch zu gut.« Das Narrenschiff findet instinktiv immer neue Eisberge.

Statt Bekämpfung von Dieselskandal und Korruption, statt Forschung und Innovation à la Tesla, statt Deckelung der Manager-Millionen und Buße für goldene Handschläge – der VW-Konzern, der fest in Politiker- und Parteienhand ist, kümmert sich um das wirklich Wichtige: In der Kantine des Autobauers wird die Currywurst abgeschafft. Man werde jetzt auf vegetarische, ja sogar vegane Ernährung setzen. Und man wolle damit auch CO_2 einsparen, erklärt der VW-Chef. Klar, nachdem man das Klima durch kriminelle Machenschaften schwer geschädigt hat. Da muss die Wurst ein Ende haben.

Religiöser Essens-Fundamentalismus gegen gesunden Menschenverstand. Und wieder einmal heißt es wie zu Kiesingers Zeiten: »Auf den Kanzler kommt es an!« Nur, dass der diesmal von der SPD ist. Der Niedersachse Gerhard Schröder, »der Altkanzler der Autobauer«, protestiert gegen diesen Irrsinn. Der bekennende Currywurst-Liebhaber (wir haben in Berlin den gleichen Imbiss) ist empört: »Wenn ich noch im Aufsichtsrat von VW säße, hätte es so etwas nicht gegeben.« Die Wurst sei »einer der Kraftriegel der Facharbeiterin und des Facharbeiters in der Produktion. Das soll so bleiben.« Auch der Betriebsrat ist auf den Barrikaden: »Ohne Mampf kein Kampf. Es ist ein emotionales Thema, die Currywurst ist ein Kultobjekt bei uns.«

Stimmt! Das wusste ich alles gar nicht: Das Volkswagenwerk, so weiß *Wikipedia*, wurde 1937/38 im ländlich geprägten und dünn besiedelten Gebiet nahe dem Schloss Wolfsburg und dem dortigen Gutshof erbaut. Man schuf sich eine eigene Infrastruktur. Auch mit einer Lebensmittelproduktion. Dazu dienten betriebseigene Bauernhöfe und Metzgereien. In den 1950er Jahren stellte VW eigene Fleischer ein, die verschiedene Wurstsorten für die Mitarbeiter produzierten. Die spezielle Currywurst mit der originellen Darm-Aufschrift »Volkswagen Originalteil« wird seit 1973 produziert.

Präsentiert auch im Deutschen Currywurst-Museum in Berlin. Leider jetzt Geschichte!

Es ist einfach verrückt, Veganes nicht nur als Variante anzubieten, sondern Fleischliches gleich ganz zu verbieten. Zum Lachen? Mir bleibt der Spott im Halse stecken, beweist es doch symptomatisch, wo inzwischen die Prioritäten des ehemaligen Export-Weltmeisters Deutschland liegen: Gängelung bis in den letzten Lebenswinkel, Ideologie bis in den Kochtopf und auf den Grill.

Solche Volkswagen-Volksverdummung hat System und zeigt, wohin die Reise geht. Die Ideologie läuft und läuft und läuft ... Es ist nämlich nicht der erste VW-Versuch, sich an den Zeitgeist anzubiedern. So beschloss die Konzern-Tochter Audi, künftig zu »gendern« und ihre Mitarbeiter »Audianer_innen« zu nennen. Klar, selbst die Landesregierung spricht inzwischen die Currywurst produzierenden Landwirt_innen auch als Schweinehalterinnen und Schweinehalter an.

Die Belegschaft hat ganz andere Sorgen: Sie probte Ende 2021 den Aufstand gegen den Chef. Man will den Mann loswerden, der doch allen Ernstes als Volkswagen-Boss das Volk dazu aufruft, mehr Fahrrad zu fahren. Der den Weltmarktführer Tesla ohne eigene Konzepte weiter davonlaufen (oder -radeln) lässt und einen drastischen Stellenabbau ankündigt. Das Currywurst-Problem erledigt sich für viele dann bald von selbst. Hauptsache, Schritt halten mit dem Mainstream. Auf Augenhöhe mit Greta statt mit Tesla.

Kniefall vor dem Zeitgeist als neues Markenzeichen. Im Mai 2021 knickte der VW-Chef vor Greenpeace-Radikalen ein, die rund 1 500 Schlüssel von VW-Autos im Verladehafen Emden klauten. Protest? Fehlanzeige! Man zeigte sogar Verständnis dafür, dass »vielen der Wandel nicht schnell genug geht«. Das erinnert an Bayerns CSU-Ministerpräsidenten Söder, der die zum Sachbeschädigungs-Terrorismus neigenden Freitags-Schulschwänzer 2019 auf der Zugspitze mit den Worten begrüßte: »Das ist der Thorsten, der Umweltminister. Und ich bin der Markus.« Auf Deutschlands höchstem Berg waren also die Niederungen der Anbiederei exemplarisch zu besichtigen.

Dass Wirtschaftsbosse und Spitzenpolitiker das Gender-Gaga zum Staatsziel machen und sich in Anbiederung überbieten, das sagt alles aus über das, was man einmal Elite nannte. Und wetten, dass das Maß längst noch nicht voll ist?! Da ist noch viel Luft nach oben, um uns weltweiten Spott, ja Verachtung zu sichern und uns der Lächerlichkeit preiszugeben. Zu Lasten der Malocher, die diesen pseudointellektuellen Blödsinn einiger frustrierter Missionar_in*/en bis in die Kantine hinein zu spüren bekommen.

Erzähl mir keine Märchen!

»Alles muss raus!« So plakatiert die deutsche Wirtschaft, vornehmlich der Einzelhandel, den immerwährenden Schlussverkauf. Die Zeiten des klassischen Sommer- oder Winterschlussverkaufs sind längst vorbei. »Sale« ist das Wort der Stunde. Das gilt auch und vor allem für Kultur, Bildung und Sprache. Raus, alles raus. Fast wie aus einer anderen Welt wirkte jene alte Dame aus Halle, die erbost ein Geschäft betrat und dem Chef attestierte: »Sie können ja noch nicht einmal richtig Deutsch. Sale auf Ihrem Plakat schreibt man bitte schön mit Doppel-A!«

Nun soll es also auch den Märchen an den Kragen gehen, einem Kulturgut, das einst unsere Nation verbunden und zusammengehalten hat. In jedem Quiz könnten alle Teilnehmer mithalten. Alle auf Augenhöhe. Märchen sind Grundbestand unserer Bildung. Ihre Figuren und ihre »Moral von der Geschicht'« sind auch heute noch Allgemeinwissen.

Das gilt für *Des Kaisers neue Kleider*, dem bekannten Märchen des dänischen Schriftstellers Hans Christian Andersen, ebenso wie für Johann Peter Hebels *Kannitverstan* oder die Märchen der Brüder Grimm. Auch der *Struwwelpeter* des Arztes und Psychiaters Heinrich Hoffmann (1809–1894) mit seiner knallharten Lyrik hat in Zeiten von Pandemien, Essstörungen und immer neuen Allergien einen klaren Erkenntniswert. Harmlos gegenüber dem, was unsere Kinder heute Tag und Nacht im Internet finden, ohne dass linksgestrickte Erzieherinnen aufschreien.

Der kleine Peter konnte früher nicht genug davon hören, wie Paulinchen mit Haut und Haar verbrennt, nachdem es verbotenerweise mit den Zündhölzern gespielt hatte. Ganz zu schweigen vom mäkelnden Suppen-Kaspar, der sich schließlich zu Tode hungerte: »Er wog vielleicht ein halbes Lot – und war am fünften Tage tot.«

Weg mit dieser Brutalität! Fort mit jenem autoritären Stil! Geifernde Gesinnungsgiganten reißen inzwischen alle märchenhaften Grundmauern ein. Von den Brüdern Grimm bis zu Hans Christian Andersen. Astrid Lindgren und Karl May, der geniale Märchenerzähler, mussten ja schon lange dran glauben. »Indianer« geht gar nicht, der »Negerkönig« ist des Teufels. Der südwestlich von Stockholm gelegene Ort Botkyrka übergab *Pippi Langstrumpf*, bisher Grundbestandteil jeder schwedischen Bibliothek, gleich dem Feuer.

Was den (linken!) Kult-Radiomoderator Janne Josefsson zum Aufschrei brachte: Hatten wir das nicht schon mal in einer Geschichtsepoche, die sich doch nie wiederholen sollte?! (Ganz nebenbei: Wie gendert man eigentlich Nazis?) »Sollten wir diese Bücher nicht erhalten, sodass ich meinen Kindern erzählen kann, wie man sich damals ausgedrückt hat?«

Aber wer erzählt noch seinen Kindern? Die werden doch seit über zwei Jahren zwangsdigitalisiert, damit Oma und Opa und auch die Eltern coronafrei ihr Dasein fristen können. Eins der schlimmsten Dramen der Corona-Zeit, gemäß meinem Motto: Das Löschen darf nicht teurer sein als der Brand. Wir machen unsere Kinder kaputt! Sie sind ihren gestressten Homeoffice-Eltern »ausgesetzt«. Wer ihnen nicht vorliest, erzählt, mit ihnen spielt, lässt sie gnadenlos verkümmern. Der Computer war noch vor Jahren für Kinder tabu, heute ist er (Schul-)Pflicht. Diese Form von Digitalisierung ist vom Teufel, sorry. Für das »Löschen« zahlen wir einen hohen Preis.

Es war der bekannte Schauspieler Wanja Mues *(Ein Fall für zwei)*, der bei unserem gemeinsamen Auftritt in der geschätzten Talkshow *Riverboat* im August 2020 überraschend den ebenso geschätzten Hirnforscher Manfred Spitzer ins Spiel brachte: »Meine Kinder hatten bis zum zwölften Lebensjahr weder Handy noch Computer. Diese Digitalisierung schadet dem Hirn, dem Wachstum, der Persönlichkeitsentwicklung ...«

Ja, Lesen ist allemal besser. Aber was? Über ein faules Mädchen, das mit Pech übergossen wird, wie die Brüder Grimm das Ende der armen *Pechmarie* beschreiben? Oder von *Hänsel und Gretels* böser Hexe, die bei lebendigem Leibe im Backofen verbrennt? Komisch: Kinder finden das gerecht und nur allzu folgerichtig; nur manche Erwachsene finden das grausam. Deshalb halten sie ihre Kinder fern von *Frau Holle* oder *Schneewittchen.* Und natürlich darf auch die böse Stiefmutter in *Brüderchen und Schwesterchen* am Ende nicht verbrannt werden.

Eine Integrationserzieherin aus Berlin, politisch unverdächtig, nimmt das cool zur Kenntnis: »Kinder nehmen Märchen als Fiktion wahr, die eine persönliche Weiterentwicklung ermöglichen. Das ist wertvoll.« Und sie sagt dann mit unbestechlicher Konsequenz: »Kinder kriegen keine Albträume von Märchen. Sondern eher, wenn sie unreflektiert Nachrichten sehen oder brutale Handyvideos als Mutprobe anschauen.«

»Dass Bösewichte bestraft werden, ist für Kinder kein Problem. Die Welt ist für sie noch schwarz-weiß, das vergessen viele Eltern heutzutage. Die Bestrafung der Hexe finden sie von ihrem Gerechtigkeitsempfinden her völlig okay«, so eine Trauma-Psychologin in *Bild am Sonntag.* Ihr Rat: auf jeden Fall mit den Kindern darüber reden. »In Märchen stecken moralische Hinweise: Die Eitlen, Dummen und Unsozialen gehen leer aus; die Selbstlosen, Fleißigen und Intelligenten werden am Ende belohnt.« Der Chef der Brüder Grimm-Gesellschaft unterstreicht: »Kinder brauchen Märchen. Sie vermitteln Wertvorstellungen, erweitern den Wortschatz und regen die Fantasie an.«

Ja, selbst heute höre ich noch gern Märchen. Schon der wunderschönen Sprache wegen. Doch was haben wir inzwischen aus jener Sprache gemacht?! Einen optischen und akustischen Trümmerhaufen. Oder ist Innenarchitekt*inneninnung etwa Poesie? Statt *Tischlein, deck dich* wischt der ideologische Wahn alles weg vom Tisch: Märchen seien zu grausam, politisch unkorrekt und gendermäßig völlig veraltet. Die Grimms waren doch in der Tat so bösartig, im 19. Jahrhundert nicht das Gender Mainstreaming des 21. Jahrhunderts vorwegzunehmen. Unerhört! Das darf man ihnen nicht durchgehen lassen. Diese alten weißen Männer hätten lieber Sternchen setzen sollen, statt antiquierte Familienklischees mit fatalen Rollenbildern in einem Märchen namens *Sterntaler* zu kultivieren. Jetzt muss der Rotstift der Political Correctness her, aber fix. Und bitte, Beispiel nehmen an der Regierungslyrik, der sprachlichen Katastrophe des aktuellen Koalitionsvertrages.

Wie kann eine Prinzessin nur auf einen Prinzen warten? Pfui! Dabei würde jede_r dieser frustrierten Kritiker_In*en doch allzu gern mal wach geküsst ...

Annalena, Boris und das N-Wort

So ist es bei Ideologen. Zum Schluss sitzen sie in ihrer eigenen Falle. Die Revolution frisst ihre Kinder. Und je höher die moralische Messlatte, desto lächerlicher der Absturz. Entweder huldigt man dann dem »geistigen Wandlitz«: Was geht das dumme Volk die (Un-)Taten der Herrschenden an; was schert mich mein (moralisches) Geschwätz von gestern. Oder man flüchtet sich in die Lüge. Volksverdummung hat Methode. Wortbruch hat Konjunktur. Man denke nur an Impfpflicht oder »Nie wieder Lockdown!«.

So stolperten die Grünen bei ihrem moralischen Theater zur Freude des Publikums immer wieder in die eigenen sprachpolizeilichen Fallen. Nebenbei: Die CSU ist auch nicht besser, Franz Josef Strauß selig rotiert im Grab. Das CSU-Augsburg fand es höchst wichtig, das Hotel »Drei Mohren« und den Zigeunerbach umzubenennen. Semantische Hochmoral vom Feinsten. Was scheren einen die wahren Probleme der Bürger.

Doch manche dieser Komödien ging den Weg des Melodramatischen und endete in einer Tragödie. Natürlich war es Kabarett, als sich die grüne Spitzenkandidatin für den Posten des Regierenden Bürgermeisters von Berlin allen Ernstes entschuldigen musste, dass sie als Kind in grauer Vorzeit den Wunsch hatte, »Indianerhäuptling« zu werden. Das war nach grüner Lesart gleich ein Sakrileg im Doppelpack: genderverbrecherisch und womöglich auch noch »rassistisch«. Hatten nicht »Wissenschaftlerinnen« längst ermittelt (siehe mein Bestseller *Seid ihr noch ganz bei Trost!*), dass Winnetou auf den Index gehört? Und jetzt kommt diese Frau daher und sagt mal so locker in einem launigen Parteitags-Interview zu ihrer Biografie: »Ich wäre als Kind gerne Indianerhäuptling geworden.«

Was für ein Aufschrei gellte durch die grüne Parallelwelt. Hätte sie Kobalt mit Kobold verwechselt oder brutto mit netto oder null Ahnung von solchen Nichtigkeiten wie Pendlerpauschale oder Speicherstrom gezeigt: Meine Güte, mit solchen Lappalien kann man doch spielend Außenministerin oder Wirtschaftsminister werden. Das wäre doch gelacht. Und weil Geschichtskenntnisse generell überbewertet werden, darf man auch ruhig mal behaupten, die SPD habe die Soziale Marktwirtschaft erfunden. Aber Indianerhäuptling?! Da ist eine rote (!) Linie überschritten, sozusagen der Rubikon des Unsagbaren. Also her mit dem verbalen Marterpfahl: Sprachpolizei und Gesinnungsterroristen fordern den Skalp der Gedankenverbrecherin. Gnadenlos. Und was tut die Dame, inzwischen Berliner Umweltsenatorin? Sie entschuldigt sich eilfertig und erklärt das so: Es sei eine »unreflektierte Wortwahl« gewesen. Wieso eigentlich? Wollte sie keine Indianerin sein? Oder kein Häuptling?

Doch für die grünen Hüter der Weltmoral war das Maß voll. Die »unreflektierte« Antwort überstand die Guillotine der Sprachpolizei nicht und wurde aus dem Parteitagsvideo rausgeschnitten, sozusagen weg-geköpft. Stattdessen erscheint ein Hinweis: »An dieser Stelle wurde im Gespräch ein Begriff benutzt, der herabwürdigend gegenüber Angehörigen indigener Bevölkerungsgruppen ist. Wir haben diesen Teil daher entfernt. Auch wir lernen ständig dazu, und wollen weiter daran arbeiten, unser eigenes Handeln und Sprechen auf diskriminierende Denkmuster zu hinterfragen.« Ein Satz wie aus dem Sachbuch von Annalena, von dem sie jetzt nichts mehr wissen will und das sie gern aus der Welt schaffen würde.

Zumindest gilt es, im Sinne des regierungsamtlichen »Framings«, neue Begriffe zu setzen. Was gibt es zum Indianerhäuptling für politisch korrekte Alternativen? CEO einer indigenen Stammesgemeinschaft? Damit hatte übrigens auch der Robert seine Probleme. Er hätte aus Berlin vorgewarnt sein müssen. Doch der Grünen-Häuptling verstolperte sich minderheiten- und fremdenfeindlich, völlig unerweckt und voll rassistisch in einer Talkshow, wo er den Zuschauern tatsächlich sein »großes Indianerehrenwort« anbot.

Es ging um das »Energiegeld«, mit dem die Grünen die höheren Benzin-, Strom- und Heizkosten ihrer Ökopolitik ausgleichen wollen. 75 Euro soll jeder dafür bekommen. Die skeptische Reaktion der Moderatorin angesichts dieser leeren Wahlkampf-Worthülse konterte Habeck mehr treuherzig als schlagfertig mit dem »großen Indianerehrenwort«. Auweia! Klar, der kommt ja auch »von Hühnern, Schweinen und Kühen«, wie ihm Annalena, heutige Vielfliegerin, so freundschaftlich attestierte.

Doch dann kam auch noch der Boris aus Tübingen um die Ecke, bevor die Annalena, die »aus dem Völkerrecht«, in dieselbe Falle tappte. Er benutzte in einem witzig-ironischen Tweet das »N-Wort«. Das steht bei den Grünen kurz vor der Leugnung des Allerschlimmsten in der deutschen Geschichte. Die haben allerdings noch nichts vom linken Lehrer Dr. Specht aus der gleichnamigen *ZDF*-Serie gehört, der vor zwanzig Jahren seinen Schülern den Ursprung dieses Wortes und den Unterschied zum Schimpfwort mit den zwei »G« erklärte. Sogar an die Tafel geschrieben hat er es! Plus Erklärung, was »Political Correctness« bedeutet. Komisch, da stimmte das links-grüne Specht-Weltbild: Diese böse »PC« kommt nämlich aus dem verhassten Amerika.

Doch jetzt kommt die Hochmoral aus Deutschland. Für den Boris hatte die Annalena nur eine Form von Vergeltung: die Höchststrafe des Parteiausschlusses. Wer sowas Verwerfliches tut, wird gnadenlos ins Semantik-Verlies geworfen.

Aber dann öffnete sich die sprachpolizeiliche Falle plötzlich für die Annalena selbst. Sie gebrauchte doch tatsächlich dasselbe verhasste, inkriminierte N****-Wort – mit allen fünf Buchstaben.

Sie benutzte das tödliche Wort ausgerechnet in einem Gespräch über Antisemitismus und Rassismus beim Zentralrat der Juden. Um ihrer Empörung Luft zu machen, vergaß sie im Übereifer der moralischen Entrüstung und im Furor ihres Gutmenschen-Ethos jegliche selbstauferlegte Zensur. Oder, um es journalistisch zu sagen: die Schere im Kopf. Oder volkstümlich: Sie plapperte, wie ihr der Schnabel gewachsen ist.

Der Sohn einer Bekannten habe sich in der Schule geweigert, eine Bildergeschichte zu einem Arbeitsblatt zu schreiben, auf dem das Wort »Neger« stand. Daraufhin sei ihm vorgeworfen worden, den Schulfrieden zu stören. Die Annalena wollte damit »diskriminierende Bildungsinhalte an Schulen« entlarven. Als einige Kultusminister jedoch verlangten, sie solle doch mal Ross und Reiter nennen, statt Deutschlands Schulen pauschal zu diskreditieren, hüllte sie sich in Schweigen: Sie wolle »keine privaten, persönlichen Details von Kindern und Familien« an die Öffentlichkeit zerren. Aha.

Dazu kommentierte die *Berliner Zeitung*: »Was für eine interessante Logik: Man versucht, den Rassismus aus der Welt zu schaffen, indem man die Begrifflichkeiten dafür aus der Welt schafft. Das hat noch nie hingehauen. Wer nachhaltig in die Köpfe und vielleicht auch in die Geschichte dringen will, muss die Dinge beim Namen nennen.« Ähnlich argumentiert auch der unverdächtige Schauspieler

Christoph Maria Herbst oder die linke Elke Heidenreich. Eine späte Reminiszenz an Lehrer Dr. Specht? Oder gar an Peter Hahne, der doch gerade von dieser ideologischen Seite heftige Kritik zum Bestseller *Rettet das Zigeunerschnitzel!* einstecken musste. Verkehrte Welt.

Gendergerecht träumen

Übrigens ist die »Ehrlichkeit« der beiden grünen Damen (Neger und Indianerhäuptling) – im Eifer des Gefechts dahingeplappert – der schlagende Beweis: Die Herr- und Damenschaften reden im Privatleben fast wie normale Menschen. Wenn es um Biografisches oder Erregendes geht, tritt das Echte zutage. Da hat alle Correctness Ruh. Wie bei Annalena, die beim heimischen Grillen auch mal stinknormalen fleischlichen Gelüsten nachgeht. Soll sich doch die Künast Renate ihren Veganismus sonst wohin stecken.

Oder glauben Sie etwa, dass die Schluckauf-Moderatoren in *ARD* und *ZDF* am familiären Frühstückstisch, beim Kaffeeklatsch oder am Stammtisch dieses wirre semantische Zeug reden, das sie Millionen hilflosen Zuschauern zumuten? Dieses ganze dumme Unterstrich-Schrägstrich-Sternchen-Innen-Schnappatmungs-Geplärre ist doch nur etwas fürs ideologische Schaufenster, für die woke Correctness-Galerie. Nach dem uralten Motto: links reden, rechts leben. Oder glauben Sie etwa, die Gender-Selbstgerechten träumen auch noch »gendergerecht« oder reden mit Schluckauf-Glottisschlag im Schlaf?! Dann glauben Sie vielleicht auch, dass der Klapperstorch die Kinder bringt?

Martin Luther hat dem Volk aufs Maul geschaut. Unsere selbsternannte moralische Elite verachtet und veräppelt es, um es harmlos auszudrücken. Politiker lassen sich reihenweise ohne Masken erwischen beim Flug, im Zug und auf Partys, während das dumme Volk für jede »Verfehlung« absurde Bußgelder zahlen soll. Heuchelei ist inzwischen Alltagsgeschäft, Volksverdummung politischer Volkssport.

Nur der Herr Aiwanger von den Freien Wählern wagte es mal zu sagen, dass er sich nicht impfen lassen wolle und dass er das »ewige In-sein-Wollen der Staatsregierung« satthabe. Da war aber was los in der bayerischen Koalition! Nie hatte man vorher gemerkt, dass es in München überhaupt so etwas wie eine Zwei-Parteien-Regierung gibt. Aber da zeigte der Markus dem Hubert, wo der Hammer hängt. »Verstörend« (so der neue Fachbegriff für Ausgrenzung) wirke das. Sowas tue man nicht. Oder behält es gefälligst für sich. Pharisäertum auf Anweisung. Ähnliches geschah im »Fall« des Fußballers Joshua Kimmich, des TV-Philosophen Richard David Precht oder der bösen Sahra Wagenknecht von der Linkspartei. Der ach so standhafte Herr Aiwanger erlag schließlich dem publizistischen Trommelfeuer und ließ sich dann doch noch impfen.

Das Erbärmlichste an dieser Entwicklung: Man tut vieles schon unbewusst, automatisch, ohne Nachdenken. Wie ich Kinder beim Hotel-Frühstück beobachtete, die wie andressiert ihre Masken aufsetzen, wenn sie sich nur bücken, um ein Brötchen aufzuheben. Oder sich permanent die Hände waschen. Wie sollen die wieder »normal« werden? Für Erwachsene gibt es inzwischen die »innere Schere« (»darf man das überhaupt noch sagen?«), von der früher nur Journalisten redeten. Mein Kollege aus fernen und schönen Saarbrücker Zeiten, Jan Hofer, enthüllte das mit Blick auf seine Zeit bei der *Tagesschau* und beklagte damit die Selbstzensur in Sprache und Inhalt. Es erfolgte ein Aufschrei, obwohl jeder weiß: Er hat recht.

Die Höchstform von Verachtung der Demokratie und Demokratie-Gefährdung ist es, sich selbst nicht an die Maßstäbe zu halten, die man dem Volk oktroyiert. Damit entlarvt man sich als das, was man ist: ein Funktionär des »geistigen Wandlitz«, jener Parallelgesellschaft der Pseudoelite, wie es sie in der DDR gab: weit weg vom Volk und nah bei den Pfründen, erhaben und abgehoben.

Das Volk soll Fahrrad fahren, aber Uschi von der EU fliegt die kürzeste Kurzstrecke aller Kurzstrecken Richtung Klimagipfel: 49 Kilometer im Privatjet! »Aus Angst vor Corona-Ansteckung im Zug.« In den wird nur das Volk gezwungen, weil umweltfreundlich. Das Volk darf auch »wegen Corona« nicht nach Mallorca, aber die Elite setzt sich an die Spitze des weithin maskenfreien Christopher Street Days (CSD) und lässt eine Woche später Querdenken-Demonstranten niederknüppeln oder Kirchengemeinden auf Abstand sitzen und gesangslos hinter Masken schmoren.

Das Volk darf nur mit drei Personen aus vier Haushalten (oder war es umgekehrt?!) in dieselbe Wohnung, doch die da oben machen Party. Das Fußvolk in den Universitäten, Verlagen oder Redaktionen soll gefälligst »geschlechtergerecht« gendern, sonst werden Prüfungsnoten heruntergestuft oder Leute entlassen. Ist doch wurscht, dass drei Viertel der Bevölkerung sich in den Umfragen verzweifelt dagegen wehren. Das wird jetzt durchgezogen, basta! Damit können wir unsere Macht beweisen, auch, wenn wir selbst insgeheim darüber lachen ...

Man könnte beinahe darüber lachen: dass das Volk sich das alles gefallen lässt. »Querdenker« war mal ein Gütesiegel. Heute rangiert der Begriff auf demselben Niveau wie Nazi. Widerstand gilt bei Greta und Luisa als heilig. Das normale, Steuern zahlende Volk soll parieren. Volksverdummung vom Feinsten. Aber nicht vergessen: Das funktioniert nur, wenn die Leute es mit sich machen lassen! Bezeichnend für volksverhöhnende Verantwortungslosigkeit der Volksvertreter inklusive ihrer Hofpresse ist der Bericht über die Aussage des bekannten Meteorologen Jörg Kachelmann vor dem Untersuchungsausschuss des NRW-Landtages. Eine Aussage wie eine Bombe: dass sich nämlich »ein extremes Wetterereignis abzeichnete«, weil bereits am 12. Juli bekannt gewesen sei, dass am Folgetag »etwas Großes passieren würde«. Der Wetterexperte hatte am 13. Juli mittags per Tweet gewarnt, es werde »womöglich Zeit, Menschen behördlicherseits und medial auf ein Hochwasser-Szenario vorzubereiten«. Doch nichts geschah, nichts!

Diese Meldung über das Politiker-Versagen fand keine Titelseite mehr, sondern stand zum Beispiel in der *Berliner Morgenpost* auf der *Panorama*-Seite neben Meldungen wie *US-Popstar Pink hat eine Schwäche für vorpommerschen Kräuterlikör* oder *Karnevalsverband bestürzt über Zug-Verschiebung* oder *US-Moderator Jimmy Kimmel verbrennt sich beim Truthahn-Braten die Haare*. Die raufen sich nun die armen, verzweifelten, im Stich gelassenen Opfer an der Ahr!

Say you to me ...

In gewisser Weise ist auch dies Volksverdummung. Zumindest ein Abbau von Höflichkeit und ein Umbau guter sinnvoller Traditionen. Mir geht diese ewige Duzerei schon lange auf den Keks. Spätestens jetzt ist das Maß aber voll: Die Berliner Jusos fordern, dass Schüler und Lehrer (sorry: Schüler*innen und lehrende Personen) sich künftig duzen sollen. Das würde Vertrauen schaffen und Distanz abbauen.

Ich weiß aus meiner Schulzeit nur eines: Als sich ein junger Mann in unserem ehrwürdigen Humanistischen Gymnasium vor die Klasse stellte und sagte »Ich bin euer neuer Englisch-Lehrer, ihr dürft ruhig Dieter zu mir sagen«, wusste ich, dass der's nicht draufhat. Und so war es auch. Wir hatten damals nichts dagegen, unsere Lehrer mit »Herr Studienrat« anzureden. Ein Ritterschlag war schon, den einfachen Nachnamen sagen zu dürfen. Aber den Vornamen ...

Später wurde dann auf Gedeih und Verderb von Hinz und Kunz drauflosgeduzt. Volontäre und Praktikanten bauten sich vor mir auf: »Ich bin der Kevin!« Ich konterte regelmäßig: »Und ich der Herr Hahne.« Wo steht eigentlich geschrieben (außer bei den Jusos und bei IKEA), dass man sich ungefragt am Arbeitsplatz von – zunächst – wildfremden Leuten mit dem Vornamen anreden lassen muss?!

Ich fühlte mich als 36-Jähriger geehrt, als einer der später bekanntesten Journalisten Deutschlands mich zu einem festlichen Essen nach Hause einlud und mir eröffnete: »Wir arbeiten nun schon einige Jahre zusammen, und ich biete

Ihnen das Du an.« Wow, das war was! Vertrauen und Freundschaft waren gewachsen und wurden sozusagen gekrönt mit dieser intimsten Anrede der deutschen Sprache.

Das oberflächliche Du entwertet das alles, macht Beziehungen banal und belanglos. Vor allem, wenn ungefragt das Einverständnis vorausgesetzt wird und man sich kaum dagegen wehren kann, ohne arrogant oder distanziert zu wirken. Wenn man in einem Handy-Store am Ku'damm als 69-Jähriger von wildfremden Kindern geduzt wird, mag das cool und schick klingen und irgendwie einen Hauch von Silicon Valley und Zuckerberg haben. Wenn jedoch eine renommierte Firma mir mailt »Hier ist Deine Online-Rechnung«, dann fasse ich mir nur noch an den Kopf.

Den haben alle die verloren, die gnadenlos drauflosduzen. Ich halte mich wahrlich nicht für zu distanziert. Aber der Juso-Vorschlag ist Schwachsinn. Die Krönung: Lehrern sollen verpflichtende Fortbildungen angeboten werden, um ihnen den Übergang vom Siezen zum Duzen zu erleichtern. Neben Inklusion, Integration und dem Reparieren kaputter Biografien jetzt auch noch das. Eine Neuköllner Schulleiterin: »Ich bin die Lehrerin – nicht die Freundin oder Mama. Trotzdem habe ich die Schüler ja ins Herz geschlossen. Manchmal sagen die ganz Kleinen ›Du, Frau Schmidt‹, aber sie haben ein angeborenes Abstandsverhalten.« Und Anstandsverhalten, wie ich meine.

Müssen wir denn, weil in anderen Ländern mehr geduzt wird, das auch hier machen? Gewisse »Hierarchien« sollten erhalten bleiben. Und Schüler und Lehrer befinden sich definitiv nicht auf einer Ebene. Das hat etwas mit Respekt zu tun, Vorgesetzte oder ältere oder mir unbekannte Personen zu siezen. Alles andere ist distanzlos, aufdringlich und übergriffig. Und wir reden doch dauernd von Respekt. Plakatieren das sogar als Wahlwerbung.

In dem Beschluss der Jusos heißt es: »Kinder und Jugendliche sollen in ihren Belangen ernst genommen werden und nicht von oben herab wie ›unfertige Erwachsene‹ behandelt werden.« Herr, schick Hirn! Ich jedenfalls möchte als Herr Hahne ernst genommen werden. So lange, bis sich zu jemandem ein Vertrauensverhältnis entwickelt hat, das das wunderschöne Du rechtfertigt.

Als alter weißer Mann tröste ich mich mit dem Alten (weisen) Testament: »Vor einem grauen Haupt sollst du aufstehen und die Alten ehren; denn du sollst dich fürchten vor deinem Gott, denn ich bin der HERR« (3. Mose 19, 32). Elftes Gebot: Du sollst nicht drauflosduzen.

Krankhafter Selbsthass

Man stelle sich vor, im Berliner Humboldt-Forum, dem wiedererrichteten Schloss, wären Koran-Suren angebracht. Ein uralter Hohenzollern-Kaiser hätte die als Reminiszenz an irgendeinen Großmufti eingravieren lassen. Auch diese Worte seien jetzt, wie das Schloss überhaupt, originalgetreu wiederhergestellt worden. Die deutschen Bischöfe könnten gar nicht schnell genug herbeipilgern, um ihre tiefe Solidarität mit der Friedensreligion zu demonstrieren. Und die Verantwortlichen in höchsten Tönen zu loben, dass sie ein solches beispielhaftes Zeichen der Toleranz gesetzt hätten: Der Koran gehört zu Deutschland. Lediglich in einem kleinen Eckchen würden unter schärfstem Polizeischutz vielleicht liberale Muslime und Kritiker des Islams wie Necla Kelek oder Ahmad Mansour dagegen protestieren. Natürlich kein Wort in den Medien dazu.

Tja, im konkreten Fall geht es allerdings um ein paar Worte aus der Bibel, die Preußenkönig Friedrich Wilhelm IV. vor 177 Jahren höchstpersönlich ausgesucht hatte. Und in einem solchen Fall sind die Gesinnungswächter und die Sprachpolizei augenblicklich zur Stelle. Der fromme Preußenkönig hatte sich seinerzeit für die Auswahl dieser Bibelstellen entschieden: »Es ist in keinem andern Heil (...), denn in dem Namen Jesu, zur Ehre Gottes des Vaters. Dass in dem Namen Jesu sich beugen sollen aller derer Knie, die im Himmel und auf Erden und unter der Erde sind.« (Apostelgeschichte Kapitel 4, Vers 12 und Philipper 2, 10) Eine zentrale Aussage des christlichen Glaubens, inzwischen allerdings sogar von Kirchen »abgeschafft«.

Die CDU-geführte Bundesstiftung Humboldt Forum hat dafür gesorgt, dass diese Verse wieder an der Kuppel zu sehen sind. Doch dann kam der Protest, von Mini-Gruppen wie immer militant und penetrant vorgetragen. Sie fürchten, dass sich Menschen anderer Religionen von der christlichen Botschaft bedrängt fühlen könnten. Bedrängt! Es fehlten nur noch die sonstigen Modeworte des Meinungsterrors: »verschwörend, verstörend, verschwurbelt« und »das falsche Narrativ«. Auch bei anderen Nationen gibt es Selbstzweifel. Doch wir sind an pathologischem Selbsthass und notorischer Selbstverleugnung von niemandem in der Welt zu übertreffen.

Die Verantwortlichen reagierten schnell. Im Einknicken

sind wir als vermeintlicher Weltmeister der Hochmoral immer fix. (Waren die deutschen Atomkraftwerke nicht Tage vor Fukushima noch 180-prozentig sicher?!) In aller Eile wurde neben der Kuppel nun eine Tafel aufgestellt mit diesem Text: »Alle Institutionen im Humboldt Forum distanzieren sich ausdrücklich von dem Alleingültigkeits- und Herrschaftsanspruch des Christentums, den die Inschrift zum Ausdruck bringt.« Alle! Eine Regierung mit CDU und CSU distanziert sich also aus dem von ihr besetzten Kulturstaatsministerium heraus von der Bibel. Das ist »Hallo, wach!« für jeden christlichen Wähler, der seinen Kopf nicht nur zum Essen hat. Nach diesem Exempel müsste das gesamte Europa wegen seiner christlichen Wurzeln mit einem Schilderwald von Entschuldigungstafeln vollgestellt werden. So wie demnächst womöglich mit diesen wahnsinnigen Windrädern.

Auch Bundespräsident Steinmeier unterstrich bei der Eröffnung des ethnologischen Museums im September 2021, das Humboldt Forum müsse ein kritisches Verhältnis zu seinem eigenen kulturellen Kontext einnehmen. Wohlgemerkt: Das ist der Mann, der den amerikanischen Präsidenten Donald Trump einen »Hassprediger« nannte und Glückwunschtelegramme an islamische Diktatoren und Despoten verschickt. Ach so: Die EU-Kommissarin für Gleichstellung, Helena Dalli (sic!), wollte sogar das Wort Weihnachten durch Ferien ersetzen, weil schließlich nicht alle Weihnachten feiern. Soll Ramadan auch gestrichen werden? Ich höre nichts dergleichen ...

Apropos Hass: Der würde wohl im Sinne von *Charlie Hebdo* seinerzeit in Paris wegen der Mohammed-Karikaturen militant ausbrechen. Deutsche Kirchen stört das nicht. Beim ebenso »umstrittenen« Kreuz auf der Schlosskuppel verlautbarte die EKD, sie hätte da »keine Interessen«. Warum auch? In einigen ihrer kirchlichen Organisationen wird Gott längst mit dem lächerlichen und lästerlichen Gender-Sternchen versehen: Gott* heißt es da. Der Vater von Jesus Christus, zu dem wir im *Vaterunser* beten, mit Stern. Irre! Wenn das jemand im Sinne von Gleichberechtigung, Toleranz und Diversität mit Allah machte, wäre in unseren Straßen die Hölle los. Viel Spaß!

Ach so, es gibt übrigens noch viel zu tun: Hoch oben auf dem Fries des Berliner Domes stehen riesig groß zwei mit Gold (!) ausgemalte verachtenswerte, verschwörerische, verstörende und verschwurbelte Bibelverse. Einmal original Jesus, zitiert im *Matthäus-Evangelium*: »Ich bin bei euch alle Tage bis an der Welt Ende.« Pfui! Wie intolerant! Beansprucht nicht der Islam die Weltherrschaft? Siehe Muezzin-Ruf.

Dazu passt dann das andere – für mich das Trostwort in der Wirrnis dieser Zeit –, aus dem ersten *Johannes-Brief*: »Unser Glaube ist der Sieg, der die Welt überwunden hat.« Auch die Welt der Dummen und Einfältigen, die die Vielfalt der Religionen und Glaubensbekenntnisse nicht ertragen. Denn genau das heißt Toleranz.

Der helle Helge

Da kauft uns ausgerechnet der Schneider den Schneid ab. Sein Humor ist nun wirklich Geschmackssache. Und mein Ding war er nie, der Komiker Helge Schneider. Seine kauzigschrulligen Auftritte haben allerdings Kultcharakter. Doch als er Ernst machte, war ich begeistert. Es war der Samstag, 24. Juli 2021, als die Nachrichtenagenturen gegen Mitternacht einen handfesten Eklat meldeten. Schneider hatte entnervt ein Konzert abgebrochen und verkündet: »Unter diesen Umständen gibt es kein weiteres mehr auf der geplanten Tournee.«

»Das Maß ist voll!«, war seine Botschaft. Es war auf dem »Strandkorb Open Air« in Augsburg. Bei diesem Festivalformat sollten Strandkörbe einen »coronakonformen Abstand« zwischen den Gästen garantieren. Man konnte höchstens zu zweit kuscheln, natürlich geimpft oder getestet und mit Maske. Tolles Kuscheln! Neunhundert Gäste, auf fünfhundert Körbe verteilt. Irre! Kontakt zum Künstler oder untereinander – das Elixier einer jeden Großveranstaltung – war so nicht möglich. Aus der Perspektive des Interpreten sah es aus, als müsste er sein Programm in einem Meer von leeren Strandkörben abspulen. Null Stimmung.

Und das einzig »Bewegende« waren die maskierten Kellner, die die Leute bewirteten. Er rief in die Menge, wie es Videos dokumentieren: »Ja, das macht einen so ein bisschen wahnsinnig. Die Leute, die immer mit ihren Tüten hin- und hergehen. Ich sag mal, noch fünf Minuten, und ich hör auf.« Ich dachte erst, der meint mit »Tüten« die Hasch-Zigaretten von Woodstock und Co. und wende sich gegen Drogenmissbrauch. Nein, er sprach von den elenden Masken, die jede Stimmung töten und jedes Lächeln und Lachen verschwinden lassen, diese Lappen, die die Menschen uniformieren und den Einzelnen seiner Persönlichkeit berauben.

Helge Schneider war voll in Fahrt: »Das macht wirklich

keinen Spaß. Man kriegt keinerlei Kontakt zum Publikum. Bitte habt Verständnis dafür – ich als Künstler kann unter diesen Umständen überhaupt nichts mehr machen.«

Vielleicht dachte er auch voller Sehnsucht an seinen Hit von 2013: »Sommer, Sonne, Kaktus. Ach, wie ist das schön!«

Nur eine Zeile des Schlagers wurde auch in Augsburg wahr: »Hier am Badestrand sind sie alle krank!« Ja, merken wir gar nicht mehr, wie krank es ist, verhüllt hinter Masken einen auf fröhlich zu machen und Stimmung zu mimen?! Wie verlogen ist das. Und ausgerechnet ein Helge Schneider musste kommen, um uns das öffentlichkeitswirksam bewusst zu machen! Dem hellen Helge blieb nichts als Galgenhumor: »So eine hohe Bühne (weit weg vom Publikum) habe ich mir schon immer gewünscht. Da sehe ich vor bis zur Autobahn. Toll, jetzt kommt schon wieder ein Auto.«

Und dann sagte er noch einen Satz, »aus dem eine Menge Verzweiflung herauszuhören ist« *(Der Spiegel)*: »Das System ist einfach fadenscheinig und dumm.« Der »Querdenker-Verdacht« in den sozialen Medien ließ nicht lange auf sich warten. Tja, so schnell kann es gehen, dass man mit ganz normalen Beobachtungen und logischen Analysen und aus Wut und Enttäuschung heraus den passenden Stempel aufgedrückt bekommt. Klar, wenn schon nicht Nazi oder rechtsextrem, dann doch wenigstens Querdenker.

Ein weiteres wirres Verdikt, das zurzeit beliebt ist: Man hat »ein falsches Narrativ bedient«, wie es im Jargon der selbsternannten Haltungs-Elite heißt. Das mussten auch 51 bekannte Künstler rund um den *Tatort*-Star Jan Josef Liefers erleben, als sie mit intelligenten und ironischen Videos die Corona-Beschränkungen kritisierten. Ihre Aktion *#alles-*

dichtmachen führte zu einem Shitstorm in den Mainstream-Medien, der gnadenlos darauf abzielte, ihre Existenz zu vernichten. Einige Schauspieler sprangen sofort ängstlich ab. Andere wie Liefers fochten das durch. Mit großem Erfolg. Er doppelte sogar nach: Die Berichterstattung erinnere ihn, den Ossi, an die DDR. Die Kunst- und Kulturszene sollte es ihm danken.

Übrigens setzt Jan Josef Liefers einem tapferen DDR-Pastor (und auch heutigen Klartext-Redner) jetzt ein Denkmal: Erstmals als Regisseur dreht er mit Starbesetzung einen Film über Uwe Holmer, der die Honeckers im Januar 1990 in sein Pfarrhaus aufnahm, als keiner der ehemaligen Genossen Erich und Margot mehr kennen wollte. In meiner Sendung begründete Holmer, dem ich seit Jahrzehnten verbunden bin, das mit nur einem Satz: »Ich bin doch Christ!«

Helge Schneider platzte an dem Augsburger Abend einfach nur der Kragen. Spontan machte er seinem Ärger über diese ganzen »Maßnahmen« Luft, die jede Form von Kunst und Kommunikation zum Erliegen bringen. Das passte der Politik natürlich nicht ins Konzept, wie man in den Folgetagen sah. Im Söder'schen Sinne »verstörend«, der Helge. Er wagte es doch tatsächlich, das Corona-Regime anzugreifen und seinen ganzen Frust rauszuschreien. Pfui, Helge!

Ganz nebenbei: Am selben Tag gab ein anderer Helge (Braun, Kanzleramtsminister) wieder eines seiner Panik-Interviews über die drohende vierte Corona-Welle und die Delta-Variante und darüber, wie gefährlich der »Ballermann« ist. Gleichzeitig marschierten in Berlin Zehntausende beim Christopher Street Day (CSD) vor dem Brandenburger Tor auf. Die Lieblingsdemo von Bischöfen und C-Partei-Vorsitzenden. Epidemien treffen eben immer nur die Kritiker der Regierung. Komisch! Das Coronavirus muss ja sehr schlau sein, dass es weiß, wen es nicht anstecken darf – und bei Lockdown auch, zu welcher Tageszeit. Nach 22 Uhr ist es nicht mehr so schädlich. Sommer- oder Winterzeit?

Die Nachfolgerin von Willy Brandt und Hans-Jochen Vogel, vorne mit dabei, twittert: »Die Allermeisten halten sich an die Maskenpflicht.« Die durchaus CSD-freundliche *BILD* titelt dagegen mit Foto-Beweisen: »CSD fast maskenfrei!«, und überführt Frau Esken der Lüge: »Brisant! Noch im August 2020 ätzte Esken über eine Demo von Kritikern der Corona-Politik: ›Tausende Covidioten‹ hätten in Berlin ›ohne Abstand, ohne Maske‹ gefeiert. Unverantwortlich!«

Und jetzt? Führt sie die maskenlosen CSD-Marschierer an. Ohne jeden Abstand. Zehntausende! Eng umschlungen! Unter dem Schutz offensichtlich mitfeiernder Polizisten. Ohne irgendeine Warnung, Missbilligung, Strafandrohung von der Saskia aus der SPD oder dem Helge aus dem Kanzleramt. Keine Festnahmen wie bei Eskens »Covidioten«. Nix mit Corona-Hotspot. Hier ist erlaubt, was Spaß macht. Ballermann am Brandenburger Tor.

An diesem Tor sang Nena zum Mauerfall ihr unvergessenes *Wunder gescheh'n*. Ich habe geweint damals. Jetzt ruft sie vor ihren Fans wegen der Corona-Maßnahmen: »Gestern war Christopher Street Day, und es war völlig okay, dass 80 000 Leute eng aneinander auf der Straße waren. Also schaltet den Strom aus, oder holt mich mit der Polizei hier runter (...) Ich habe die Schnauze voll davon.« Ja, das Maß dieser bigotten, doppelzüngigen und heuchlerischen Politik ist randvoll. Später waren es die Spitzenpolitiker nach den Kanzlerkandidaten-Triellen und die neue SPD-Bundestagsfraktion, die ungeniert ohne Masken feierten und fotografierten.

Und am Folgetag sah man fromme Menschen in TV-Gottesdiensten sitzen, freudlos zusammengekauert mit weitem Abstand in leeren Kirchen, mit Masken vermummt, ohne Gesang und gemeinsames Vaterunser. So etwas nennt man Selbstaufgabe.

Kirche, Gendern, Menschenrechte

Man könnte das schweigend übergehen, weil sie ohnehin niemanden mehr groß interessiert. Spreche ich Kollegen an, so höre ich fast unisono: »Ach, lass uns damit in Ruhe!« Sie haben mit Kirche abgeschlossen – und leider darüber auch oft mit dem Glauben, weil sie Gottes Bodenpersonal mit dem Eigentlichen gleichsetzen. Gleiches erlebe ich auch in den »bürgerlichen Blogs« von *Tichy* oder der *Achse des Guten* zu meinen Artikeln mit Kirchenbezug. Die große Zahl der Zuschriften resignierter Leser ist bitter, mir blutet darüber das Herz. Sie nehmen nur noch das Narrativ der Narretei wahr und wundern sich über nichts mehr: »Dann lass die doch ihre Gender-Fibeln veröffentlichen und ihre Schlepper-Schiffe segnen. Ist mir doch egal. Ich bin dann mal weg ...«

Es ist nur ein weiterer Baustein im Selbstzerstörungswerk der Institution Kirche. Eine Kirche, die längst keine Volkskirche mehr ist, weil das Volk sich in großer Zahl abwendet. Doch den Zeitgeistlichen bis hinein in die Bischofs-

Riege ist das Volk ohnehin schnuppe. Es dient nur noch als Goldesel für all das Allotria, das in einem elitären Minibiotop mit Milliarden gefördert wird. Die arbeitende Schicht, die brav Steuern bezahlt, ist diesem Schwachsinn hilflos ausgesetzt. Und den Pfarrern und Gemeinden, die treu ihren Dienst tun, die nah bei Christus und den Menschen sind und die sich um den eigentlichen und biblischen Auftrag von Kirche mühen, wird der Geldhahn zugedreht.

Nachfolgende Gedankenkette steht pars pro toto für ein Gutmenschentum, das entweder ignorant verblödet oder ideologisch verblendet ist. Und die Funktionäre merken das in ihrem Hochmut noch nicht einmal! Pure Menschenverachtung spricht aus dem, was als »Respekt vor der Persönlichkeit« ausgegeben wird. Die Mogelpackung einer rotgrünen NGO, die nur noch existiert und agiert, weil der investigative Journalismus sich längst desinteressiert abgewandt hat. Oder kennen Sie in den entscheidenden Meinungsmedien noch Redakteure, die Kirchenmitglied sind? Da verwechselt man dann schon mal Gläubige mit Gläubigern, Abendmahl mit Eucharistie, ökumenisch mit ökonomisch – oder der Protestant Bonhoeffer wird als Priester bezeichnet, und der evangelische Gottesdienst mutiert zur Messe.

Bildungskatastrophe! Total egal! Null christliches Grundwissen. Es wird auch nicht mehr vermittelt in einer Kirche, die »christliches Abendland« ausgrenzend bewertet und Allah und Greta (auch) großartig findet. Es war der »Ausgrenzer« Kardinal Marx, der Pfarrer eingrenzte und schützte, als er als Bischof von Trier Kinderschänder gewähren ließ, wie kurz vor Weihnachten 2021 bekannt wurde. Das politische

Allotria interessiert die Medien nicht mehr. Das kann die »vom Völkerrecht kommende« Frau Baerbock besser und unterhaltsamer. Womit wir beim Volk und seinen Rechten sind. Das Recht auf Information. Die »Rechten« haben ohnehin nichts mehr zu melden in den Kirchen, wenn zum Beispiel AfD-Wähler von Kirchenmandaten und Kirchentagen ausgeschlossen sind oder Nichtgeimpfte wie Bergpredigt-Verweigerer behandelt werden – nur das Geld nimmt man noch gern, weil es ja bekanntlich nicht stinkt. Ahnungslosigkeit paart sich mit Desinteresse. Hat da nicht Bundeskanzler Olaf Scholz, der Mann, der seinen Amtseid ohne Gottesbezug ablegte, mehr vom Evangelium verstanden, als er in seinem ersten großen Interview im Amt sagte: »Ich bin auch der Kanzler der Ungeimpften«?!

In Berlin werden seit Jahren Hunderte Polizisten von linksextremen Hausbesetzern lebensgefährlich verletzt. Über dem »Projekt« der chaotischen Links-Terroristen weht die Fahne der Antifa. Unter derselben Flagge segelte die EKD-»Flüchtlings«-Fähre im Mittelmeer. Für diese Schlepper-Schiffe werden Kirchensteuergelder eingesetzt und Spenden gesammelt. Am liebsten wollen diese Kirchen die »Schutzsuchenden« in der Hauptstadt haben (»Wir haben Platz«), sie bejubeln den rot-rot-grünen Wahn, möglichst »jeden und jede« aufzunehmen. Nur, dass Pfarrhäuser sich öffnen und Pfarrerskinder der Integration wegen bewusst auf Brennpunktschulen angemeldet werden, davon hört man so gar nichts ...

Die Migranten, »die Menschen, die erst seit Kurzem hier leben« (CDU-Jargon), müssen integriert werden. Und das geht nur mit der deutschen Sprache. Das meinen inzwischen selbst Grüne, für die das Deutschlernen noch vor zwanzig Jahren »nationalistische Zwangsgermanisierung« war. Und die, für die das gültige, offizielle Deutsch in Grammatik und Orthografie ohnehin schon ein Buch mit sieben Siegeln ist, bekommen nun von ihren »Rettern« Folgendes zu hören: »Ich nehme mal den Schrägstrich, mal das Binnen-I, manchmal den Stern, manchmal den Doppelpunkt, manchmal rede ich nur in der männlichen oder nur in der weiblichen Form.«

Man stelle sich plastisch ein solch sprachliches Chaos vor. Und Migranten als Zuhörer oder Leser. Oder Legastheniker. Mal so, mal so. Jeder soll doch nach seiner Sprach-Fasson selig werden. Doch dieser Irrsinn ist nicht das Manifest eines feministischen Proseminars im Elfenbeinturm elitärer Zirkel ehemaliger Bildungseinrichtungen. Nein, es ist im O-Ton die Marotte des evangelischen Berliner Bischofs.

Mehr Menschenverachtung geht nicht! Wie sollen Millionen von Ausländern in ihren Parallelgesellschaften so die deutsche Sprache lernen? Die werden, sollten sie sich je in eine Kirche verirren (aber Herr Bischof ist ja in Moscheen auch präsent), doch völlig verrückt bei einer Redeweise, die obendrein noch so begründet wird: Man wolle als Kirche »beispielgebend für die Gesellschaft sein – mit Respekt vor der Person«.

Das erinnert an das katholische Zentralkomitee ZdK: Diese Gender-Realität anzuerkennen bedeute, »sie als Teil der sehr guten Schöpfung Gottes wertzuschätzen«. Dazu ein Kommentar von Ex-Lehrerpräsident Josef Kraus: »Aha, der liebe Gott (oder Gott*) ist mal wieder an allem schuld!?« Weiter kann sich eine Kirche vom Evangelium (der guten, weil verständlichen Nachricht) nicht entfernen! Jener Bischof krönt seinen Ausflug in die selbstverliebte Parallelwelt der Sprach-Egoisten denn auch mit dem Satz: Auch in der Gottesanrede und in der Segensformel variiere er. Wichtig sei ihm, »dass Gott nicht mit einem Geschlecht identifiziert und auf ein Geschlecht fixiert wird«. Da hilft nur noch der liturgische Ausruf: Kyrie eleison! Herr erbarme dich! Volks-Kirche als Gender-Sekte.

Wenn zum Beispiel die Berliner Schulsenatorin Scheeres, die noch nicht mal die Kommaregeln beherrscht, an die (mehrheitlich muslimischen) Eltern ihrer Grundschüler schreibt, verstehen die bei ihrem Bürokratendeutsch plus Gender-Garnierung nur Bahnhof. Die ganze Stadt lacht darüber. Respekt vor der Person? Das gilt also nicht für Migranten und Zugewanderte, nicht für die Schwachen der (Sprach-)Gesellschaft. Hauptsache, wir präsentieren die TV-Nachrichten mit dem Schluckauf. Fremdenfeindlicher geht es kaum.

Nein, man tritt in Wahrheit die Schwachen mit Füßen, die Asylanten, die Legastheniker, die Lernbehinderten. Und die anderen verstört dieses verschwurbelte Reden und Schreiben, von einer Verschwörungssekte erfunden. Diese Grammatik-Leugner und Gendioten haben es bis in die Spitzen von Medien, Konzernen und Kirchen geschafft. Was mit dem Schwindel-Etikett »inklusiv« verkauft wird, ist nichts anderes als exklusiv und elitär. Man schließt nicht nur das Volk aus, das diesen Schwachsinn mit absoluter Mehrheit laut Umfragen nicht will. Der linken(!) Elke Heidenreich platzte der Kragen: »Mir geht dieser Gender-Sprech am Arsch vorbei.« Deutlicher hätte das Luther, der dem Volk bekanntlich aufs Maul schaute, auch nicht sagen können. »Lutherisch« ist bei den meisten heutigen protestantischen Kirchen nichts als Mogelpackung.

Die Schwachen werden von diesem heuchlerischen Pharisäertum eines Pseudo-Bildungsbürgertums noch weiter geschwächt. Sie glauben inzwischen bei den (ohnehin komplexen) TV-Nachrichten, sie seien einem Irrenhaus zugeschaltet, wo sich eine Mini-Elite guttural mit Gender-Gap und Knacklaut und wie das so alles heißt, selbstverwirklicht. Statt dass man auf Verständlichkeit der Sprache Wert legt – »aus Respekt vor Personen«. Oder muss man vor Migranten, Blinden, Legasthenikern, Behinderten keinen Respekt haben?!

Apropos Menschen mit Behinderung. Mir schreibt eine Leserin: »Mein Sohn ist Autist und kommuniziert mit punktgenauen Zweiwortsätzen. Ich befürchte, er fühlt sich schnell überfordert, wenn ich ihm die Gender-Alternativen vorlege, und tickt (er hat ja recht) dann komplett aus.« Und ein Blinder klagt: »Sie ahnen nicht, wo ich hineingeraten bin! In die ›Befürwortung‹ des Gender/:*Zeichensalates. Jedes Bildschirmlesegerät liest das alles vor, egal welche Form, als das, was es ist: Unsinn.« Man stelle sich vor, der arme Mann müsste sich von Berufs wegen (Diversitäts-Quote!) eine Bischofs-Rede reinziehen. Er müsste den Gender-Wahnsinnigen wegen Sprach- und Gehör-Terrorismus doch anschließend verklagen.

Der Vorsitzende des Vereins Deutsche Sprache (VDS), Professor Walter Krämer, schreibt dazu: »Hat schon einmal eine hochbezahlte Lehrkraft mit Pensionsanspruch an einem unserer mehr als hundert Genderinstitute ein Bildschirmlesegerät für Blinde benutzt? Und sich anhören müssen, was ein solcher Apparat mit Gendertexten macht? ›Polizist:innen‹ wird durch die Bildschirmlesesoftware zu ›Polizist Doppelpunkt innen‹, und aus ›PilotInnen‹ macht das Programm ›Pilot innen‹. ›Darüber bin ich ehrlich gesagt ganz froh‹, schreibt mir die Besitzerin eines solchen Lesegerätes. ›Stellen Sie sich mal vor, wir wären im Flugzeug und die Piloten sind nicht innen, sondern außen!‹«

Ja, zum Schluss hilft nur noch (Galgen-)Humor. Ein Leser fragt: »Geboren bin ich im Vaterland und mit seiner Muttersprache aufgewachsen. Leben tue ich in Mannheim. Was muss ich ändern?«

Und was kann man tun? Der Entertainer Harald Schmidt meint erfrischend klar: »Beim ersten Gender-Stern höre ich auf zu lesen.«

Und ich höre auf zu spenden. Niemand, absolut niemand mehr bekommt von mir noch einen Cent, der meint, mich als Spender*in oder als Spendender oder als EmpfängerIn oder Empfänger_in/en anschreiben zu müssen.

Weltkulturerbe des Wahnsinns

Das SEK war bei den SKD. Man schickte das Sonder-Einsatz-Kommando (SEK) der Sprachpolizei in die Staatlichen Kunstsammlungen Dresden (SKD) zum Aufräumen der Historie, zum Ausräumen dessen, was man Kultur nennt, und zum Umräumen der Geschichte. Das Bildungsministerium entsorgt die Bildung. Nach dem Motto: »Alles, was wir nicht verstehen, muss raus.«

Natürlich wollen die Ministerialen nachher von nichts gewusst haben. Man hat aber auch nicht eingegriffen bei dem, was eine durchgeknallte Minderheit von »Erweckten« da ein paar Schritte vom Ministerium entfernt in international renommierten Museen anrichtete: 143 weltberühmte Kunstwerke beziehungsweise deren Titel wurden »auf rassistische oder anderweitig diskriminierende Begriffe oder Inhalte« geprüft – und politisch korrekt umbenannt. Die Schatzkammer der Sachsen – von Kulturbanausen zerstört. Schlimmer als der Juwelenraub im Grünen Gewölbe im November 2019. Cancel Culture im Zwinger, man fasst es nicht.

Die neuen Bilderstürmer reißen Kunstwerke aus dem Zusammenhang, leugnen die Geschichte als solche, verändern, vernichten nach Gutdünken. Bekannte Kunstwerke von Weltruhm aus vergangenen Jahrhunderten erkennt man nicht wieder: Besucher aus den fernen USA, Asien, Australien oder Südamerika stehen ratlos vor Gemälden, die sie zu kennen glauben, deren Titel aber nicht mehr mit dem übereinstimmen, was sie erwartet haben. Irre! Ex-Kanzlerin Merkel verweilte 2006 im legendären Grünen Gewölbe noch völlig unbefangen und strahlend vor der Skulptur *Mohr mit Smaragdstufe* im dortigen Juwelenzimmer – circa 1724 vom Hofgoldschmied Johann Melchior Dinglinger gefertigt und benannt. Dass sie dadurch Rassistin wurde, ist nicht bekannt. Dass sie protestiert hätte, ist nicht überliefert. Das geht dank ihrer Partei nun nicht mehr, denn die Partei, die Partei, die hat immer recht. Alles muss raus!

Selbst bei banalen Bezeichnungen griff das Sprachpolizei-SEK durch. Zum Beispiel beim Bild *Hund, Zwerg und Knabe* des Niederländers Jan Fyt (1611–1661). Aus »Zwerg«

wurde »kleinwüchsiger Mann« (in den USA wird er in bestimmten Kreisen längst als »vertically challenged« bezeichnet). Aus »Knabe« wurde »Junge«, warum auch immer. Vielleicht wegen des *Knaben Wunderhorn*, einer Volksliedersammlung (alter) weißer Männer namens Brentano und von Arnim. Oder wegen des sexistisch-antidiversen *Sah ein Knab' ein Röslein stehn* des Dichter-Chauvis Goethe, der noch nicht mal gendern konnte. Wer weiß. Jedenfalls fand nur noch der Hund Gnade, obwohl es ja auch eine Hünd*in sein könnte.

Aus *Zigeunermadonna* wurde *Madonna mit stehendem Kind*. Aus *Indischen Eingeborenen mit Haustieren* wurden *Menschen mit Haustieren*. Aus der *Zigeunerin* machte man eine *Frau mit Kopftuch*. Handelt es sich dabei um eine Katholikin im Petersdom oder um eine Muslimin in Mekka oder eben um eine Zigeunerin (die sogar einen eigenen König hat)? Was spielt das schon für eine Rolle bei den Sprach- und Geschichtsbarbaren. Alles muss raus, was die Vandalen nicht begreifen!

Aus der *Schwarzafrikanerin mit Spiegel*, auch als *Schwarze Venus* bekannt, machten die sächsischen Kulturbanausen eine *Afrikanerin mit Spiegel*. All dies ohne Rücksicht darauf, dass die Titel der Kunstwerke von ihren Schöpfern ja so benannt wurden. Oder die Namen durch die Jahrhunderte anderweitig zustande kamen. Dazu der Historiker Professor Michael Wolffsohn: »Merken denn die Umbenenner vom Dienst nicht, wie sehr sie sich zum Gespött machen?« Die Geschichts-Leugner leisten ganze Arbeit.

Der langjährige Präsident des Deutschen Lehrerverbandes, Josef Kraus, konstatiert konsterniert bei *Tichys Einblick*:

»Diese Geschichtsklitterung und Sprachbarbarei haben einen Hintergrund: Es stecken dahinter abgrundtiefe Bildungsdefizite – gepaart mit verbohrter Ideologie. Eine höchst gefährliche Kombination, wie die Geschichte lehrt! Man fragt sich nur, wie Direktoren und Mitarbeiter solcher Kunsteinrichtungen (pardon, korrekt muss es wohl heißen: Direktor_in*nen und Mitarbeitende) in solche Positionen kommen konnten und warum die sächsische CDU-Landesregierung diesem Treiben keinen Riegel vorschob.«

Volksverdummung pur. Ein Gouvernantentum für betreutes Denken. Eine Neusprech-Diktatur, die wir spätestens mit dem 9. November 1989 überwunden glaubten, als eine »Jahresendflügelfigur« wieder ein »Engel« sein durfte. Denn mündige Bürger brauchen keinen Schutz vor Kunst und Geschichte.

Zu dem Dresdner Museumsskandal kommentiert *BILD* richtig: »Deutschland hat sich nach der Diktatur der Nationalsozialisten und Holocaust seiner Geschichte gestellt, statt sie schönzureden. Dabei sollten wir bleiben.«

Im 18. Jahrhundert machte August der Starke, Kurfürst von Sachsen und in Personalunion König von Polen, Dresden zur Kunstmetropole Europas. Zwinger, Kupferstichkabinett, Grünes Gewölbe, Albertinum – sie alle locken mit ihren sagenhaften Kunstschätzen jährlich fast zweieinhalb Millionen Besucher aus der ganzen Welt an. Der Bildersturm machte dem nun ein Ende. Ihm fielen die historischen Titel weltberühmter Kunstwerke zum Opfer, die die Kunsthistoriker nun kaum mehr in alphabetisch sortierten Verzeichnissen oder Katalogen finden.

Worauf man sich künftig einstellen könnte bei der geringen Halbwertszeit der Umbenennungen, das konnte man originell und sarkastisch im Netz finden:

2020: »Zigeunermadonna«

2021: »Madonna mit stehendem Kind«

2022: »Frau mit stehendem jungen Menschen«

2023: »Erwachsener gebärfähiger Mensch mit jungem, nicht gebärfähigem Menschen«

2024: »Mensch mit Menstruationshintergrund mit Mensch ohne Menstruationshintergrund«

2024: »Zwei Angehörige der Spezies Homo sapiens«

2025: »Zwei Kohlenstoffeinheiten«

2026: »Heteronormativ-eurozentrisches Relikt aus finsteren Zeiten«

2027: Das gute Stück verschwindet in der Dunkelkammer, an seiner Stelle hängt ein als »Kunst« deklarierter Besenstiel.

Was droht uns als Nächstes? Das Maß scheint längst noch nicht voll zu sein. Dass Museen geschlossen oder Bilder abgehängt werden, weil sich angeblich irgendjemand (m/w/d) durch das eine oder andere Bild »offended« fühlt? Die USA lassen grüßen. Dass auf Bildern dargestellte Dunkelhäutige (People of Color) ein »white facing« erfahren? Onkel Tom ist inzwischen auch schon weiß wie der Reis. Oder dass Nackedei-Statuen in Burkas verpackt werden?

Oder sollten wir nicht besser diese Rassismus-Bilder ganz aus den Schulbüchern verschwinden lassen? Ach, vielleicht gleich die ganzen Bücher. Am besten verbrennen, damit haben wir gründlichen Deutschen doch Erfahrung. Zu viel Bildung stört einfach. Die überlassen wir lieber den Chinesen.

Dabei gibt es eine einfache Lösung, so Josef Kraus: »Wir

schließen solche Kunsteinrichtungen, sparen uns all die ›woken‹ Bediensteten und schicken sie zu deren gärtnerischer Pflege in die – statuenfreien – Dresdner Hofgärten. Vorausgesetzt, diese wurden zuvor entfeudalisiert und zu Erfindungen des Arbeiter- und Bauernstaates umbenannt. Womit wir wieder beim Wahnsinn wären ...«

Hirtenbriefe von den Klima-Kindern

Kinder an die Macht! Aus diesem alten Grönemeyer-Schlachtruf machten skrupellose Parteien im Bundestagswahlkampf 2021: *Mit* Kindern an die Macht. Man instrumentalisierte den Nachwuchs, um mit schrägen Themen zu punkten. So schrieb eine Berliner Bundestagskandidatin der Grünen im Netz: »Ich komme gerade von einer Grundschule und bin am Heulen.«

Ja, ich heule auch bittere Tränen über die Schulen in meiner Nachbarschaft. Außen hui, innen pfui. Was muten wir unseren Kindern eigentlich für einen Dreckstall zu. Versaute Toiletten, versiffte Klassenräume. Der Kalk rieselt von den Wänden. Bei meinen USA-Aufenthalten stehe ich staunend vor Schulen: Die sind in einem Tipptopp-Zustand wie die Internate oder Privatschulen, in die deutsche Politiker am liebsten ihre Kinder schicken. Soweit sie welche haben.

Nein, darüber heulte die grüne Dame durchaus nicht. Bei ihr flossen die Tränchen mehr in Krokodilsform: »Die Kinder fragen nach dem Rassismus«, sagte sie.

Klar, mancherorts sprechen nur noch zehn Prozent der Schüler Deutsch als Muttersprache. Sind Nichmuslime.

Zum Standard-Schulhof-Mobbing-Repertoire gehören dementsprechend: »Jude«, »Schwuler«, »Christ«. Meint sie das? Wohl eher nicht. Sie werde angeblich ganz andere Dinge gefragt: »Warum verdienen Frauen weniger als Männer, was ist mit Klimawandel und Tierschutz? Eine Schülerin hat sich nach der Stunde geoutet, weil ich so coole Antworten zu Sexualität gegeben habe.« Aber »für diese jungen Menschen mache ich das alles gern!«.

Wow, diese Grundschüler*_/innen! Und da sage noch mal einer, es herrsche Bildungsnotstand. Ähnliches berichtet die grüne Bürgermeisterkandidatin von Berlin (die als Kind bekanntlich Indianerhäuptling werden wollte): Auf dem Parteitag vor der Wahl zitierte sie den elfjährigen Karl. Der habe zum Kampf gegen die Klimakatastrophe geblasen und ihr geraten: »Bitte, bitte trödelt nicht mehr so lange!« Tja, Berliner*in_nen sind bekanntlich helle. Selbst junge weiße Knaben namens Karl.

Ausgerechnet auf dem Weg zu meiner »Rede zur deutschen Sprache« in Köthen (Anhalt), der Wiege der Sprachpflege, der Homöopathie und der *Brandenburgischen Konzerte* von Johann Sebastian Bach, hörte ich im Autoradio eine junge Mutter: »Meine Kleinen sind unzufrieden mit den Kinderbüchern. Sie finden sich darin nicht mehr wieder. ›Mama, die sind doch nicht divers!‹, sagen sie, sodass ich jetzt nach alternativer Lektüre suche.«

Hochachtung vor solch aufgeweckten Kindern! Die erkennen instinktiv das Manko der alten weißen Männer-Märchen à la Brüder Grimm und Andersen. Die gesamte Sendung badete sich zudem in einem durchgehenden Gender-Gaga, also der Schluckauf ähnlichen Sprachstörung, unter der die »progressiven« Moderatoren (beiderlei Geschlechts) neuerdings leiden. Es ging um Blogger-Pause-Innen oder um Lehrer-Pause-Innen. Aber der Sender hieß nicht »Radio Gaga«, sondern *Deutschlandfunk Kultur*. Kultur!

Zurück zum Wahlk(r)ampf mit Kindern. Was harmlos klingt, wurde rasch zu einer emotionalen Erpressung: Kinder wurden von einer Gruppe von Klimaaktivisten dazu aufgefordert, ihren Großeltern einen Brief zu schreiben, damit deren Stimmen auch ja an die vermeintlich richtige Partei gehen und nicht an die zerstörerischen Altparteien, die von Alten traditionell gewählt werden.

Eine Schauspielerin, die die Kampagne unterstützt, fasst es in einem Werbeclip so zusammen: »Du schreibst einen Brief an deine Oma oder deinen Opa und bittest sie um ihre Stimme für deine Zukunft.« Also um die grüne Stimme natürlich. Deren Kanzlerkandidatin liefert zu der Kampagne die erprobte Methode: »Alles für Copy-and-Paste. Einfach Text aussuchen, kopieren und losschicken an Oma und Opa.« Sozusagen Plagiate als klimapolitische Hirtenbriefe aus dem Stehsatz. Wahltaktisch waren diese Hirtenbriefe ein furioser Flop: Die Umfragen sanken für die Grünen von Woche zu Woche, und der Traum von der Kanzler*in zerplatzte zu Mini-Partner/in der SPD.

Diese Kampagne war nichts anderes als ein mieser Enkeltrick: »Der Enkeltrick ist ein bewährtes Instrument aus dem Baukasten totalitärer Regime«, schrieb der *Cicero*. Die Truppe nennt sich schließlich auch das Enkelkinderkollektiv: »Wir sind ein Kollektiv aus Zukunftsoptimist:innen, Kreativen und Unternehmer:innen, die zusammengekommen sind, um im Wahlkampf zur Bundestagswahl 2021 einen

Beitrag für einen Politikwechsel zu leisten, die generationengerechten Klimaschutz in den Mittelpunkt politischen Handelns stellt.«

Olaf Scholz begnügte sich wenigstens noch mit der Forderung nach der »Lufthoheit der SPD über den Kinderbetten«. Jetzt werden die Kleinen selbst in den »Krieg« geschickt und als fundamentalistisch-klimaideologische Missionare missbraucht. Der *WDR* hatte es vorgemacht: »Meine Oma ist 'ne alte Umweltsau«, ließ er den sendereigenen Kinderchor trällern.

Als Kostprobe zwei der Strophen des mit einer »Demokratieabgabe« (früher: GEZ) zwangsgeförderten *WDR*-Beitrags zum Zusammenhalt der Generationen: »Meine Oma fährt im SUV beim Arzt vor, beim Arzt vor, beim Arzt vor. Sie überfährt dabei zwei Opis mit Rollator, meine Oma ist 'ne alte Umweltsau. Meine Oma brät sich jeden Tag ein Kotelett, ein Kotelett, ein Kotelett. Weil Discounterfleisch so gut wie gar nichts kostet, meine Oma ist 'ne alte Umweltsau.«

Tja, plötzlich wird die Stimme von »Oma Umweltsau« und dem alten weißen Opa wertvoll. Wie hieß noch der schöne Werbespruch aus Rüdesheim in meinen Kindertagen: »Wenn einem so viel Gutes widerfährt, das ist schon einen ›Asbach Uralt‹ wert.« Diese Generation kannte noch den »Geist des Weines«. Heute ist alles Gaga.

Die Infantilisierung der Politik erreicht ihren Zenit, wenn ein leibhaftiger Ministerpräsident sich den Klima-Kindern vorstellt: »Das ist der Thorsten (Glauber), der Umweltminister, und ich bin der Markus (Söder).« Es ist doch irre, Kinder und Jugendliche zu Weltenrettern und besseren Menschen zu überhöhen. Deshalb verstehe ich den Aufschrei im Netz: »Ich habe es satt mitzuerleben, wie völlig Ungebildete, die in ihrem Leben nichts weiter geleistet haben als das Tragen einer fremden Aktentasche, glauben, Deutschland regieren zu können« (Unternehmer Professor Knut Löschke). Und weiter: »Ich möchte, dass sich die Jungen und Ungestümen in den wohlgesetzten Grenzen unseres Rechtsraumes austoben, aber sich auch vor ihren Eltern und Großeltern, vor den Alten und Erfahrenen verneigen, weil sie die Erschaffer ihres Wohlstandes und ihrer Freiheit sind.«

Ein Politiker geht baden

Die große Weltpolitik ist oft so klein, dass sie auf eine Mini-Insel passt. Das stand mir alles wieder vor Augen, als ich Mitte Juli 2021 die dramatischen Katastrophenbilder von der Flut an Ahr und Erft und den angrenzenden Regionen sah. Mehr als 180 Tote, zerstörte Häuser, überflutete Orte. Wieder mitten im Bundestagswahlkampf. Nicht nur Edmund Stoiber selbst, auch seine mögliche Kanzlerschaft ging Mitte August 2002 auf der Nordseeinsel Juist baden. Hätte er nicht den falschen Berater gehabt, und zwar den ihm persönlich wichtigsten in seiner Staatskanzlei, manches in der Geschichte wäre anders verlaufen.

Und so war es Gegenkandidat Gerhard Schröder, der damals im Katastrophengebiet unvergessliche Bilder produzierte: Mit grüner Regenjacke und schwarzen Gummistiefeln stapfte er durch den Schlamm im überfluteten sächsischen Grimma und sprach mit den betroffenen Einwohnern, mit den heldenhaften Helfern und natürlich dem Bataillon von Journalisten. Mit diesen Bildern versenkte der clevere SPD-Mann seinen bayerischen CSU-Kontrahenten endgültig.

Saß der doch mit ebenjenem falschen Berater mitten in der Nordsee und machte Ferien. Mein Team war bereits vor Ort, am betreffenden Wochenende sollte das Sommerinterview aufgenommen werden. Würde ich mich nicht an das journalistische Ethos von Vertraulichkeit halten, ich könnte dieses Buch nahtlos füllen mit Details, wie das damals wirklich abgelaufen ist. Was offiziell darüber in den Annalen steht, ist Mogelpackungs-Makulatur. Wenn nicht gar Volksverdummung. Wir rieten Stoiber dringend, auf uns und nicht jenen Berater zu hören. Mehrere Zehn-Augen-Gespräche. Wir boten ihm an, sofort unsere Sachen zu packen und mit dem gesamten Tross – trotz der für uns damit verbundenen hohen Kosten – an irgendeinen Ort zu reisen, der nur nicht Juist hieß. Und der nichts, aber rein gar nichts mit Urlaub zu tun hat.

Ich habe damals die Variante Bitterfeld bevorzugt – Stoiber macht auf dem Rückweg nach München Station in einer schwer heimgesuchten Region Mitteldeutschlands. Das hätte noch »Bilder« gegeben. Schließlich landeten wir zum Interview in der Staatskanzlei – immerhin. Doch das Kind war bereits in den sprichwörtlichen Brunnen beziehungsweise die Flut gefallen. Schröders Präsenz prägte die Medien und die öffentliche Wahrnehmung: betroffen, hemdsärmelig und ohne Krawatte, entschlossen wie einst Helmut Schmidt bei der Sturmflut 1962. Der Mann hat's eben instinktiv drauf, auch ohne Berater.

Stoibers Ambitionen ertranken in den Fluten, weil er zur falschen Zeit am falschen Ort war. Er schrieb später in seinen Memoiren beschönigend: »Ereignisse wie diese schlimme Flut sind immer die Stunde der Exekutive, also des Kanzlers, nicht des Kandidaten. Vielleicht war ich auch ein bisschen zu zurückhaltend.« Er hat vergessen, dass er nicht nur Kandidat, sondern Ministerpräsident des auch betroffenen Bayern (Passau) war und dass seine »Zurückhaltung« einen handfesten biografischen Grund hatte.

Es war nämlich ein so schöner Urlaub zu viert, den die Stoibers und jener Berater und seine Frau hätten opfern müssen. Mit Engelszungen wurde Stoiber beraten und beschworen, doch auf Juist zu bleiben – sich allerdings nicht mehr am Strand blicken zu lassen. Absurd, einfach nur absurd. Doch so schlicht läuft es in der großen Politik. Alles ist Biografie. Stoiber hatte diesen Mann gerade erst eingewechselt, ähnlich tragisch wie die Auswechslungen von Jogi Löw gegen Ende des verlorenen England-Spiels bei der EM. Die *FAZ* kommentierte: »Der gewiefte Schröder ging als Macher vom Platz, Stoiber als begossener Pudel.«

Dieser Fehler darf nie wieder passieren, das hat sich ins Gedächtnis von Freund und Feind eingegraben. Von linksgrün bis tiefschwarz war das künftig der Maßstab für die Politiker-Präsenz in Problemzonen: hinfahren, um sichtbar zu machen, dass man Führung und Empathie zeigt. Dabei darf aber nicht der Eindruck entstehen, als wolle man nur gesehen werden. Und nur hinfahren, wenn man ein entsprechendes Amt hat. Jedes erzeugte Bild prägt das Publikum. Für Laschet wars das Lachen an falscher Stelle, für Stoiber war es die Präsenz am falschen Ort. Das Maß des

Erträglichen war für die Wähler voll. Das Ergebnis ist bekannt.

2021 waren also Armin Laschet und Malu Dreyer als betroffene Ministerpräsidenten von Nordrhein-Westfalen und Rheinland-Pfalz vor Ort. Dass SPD-Kanzlerkandidat Olaf Scholz sich als Bundesfinanzminister in den Katastrophentourismus mogelte, war schon grenzwertig. Die Grünen machten ihren normalen Wahlkampf weiter, ohne jedoch ein Gespür dafür zu haben, welche Etikette jetzt angesagt war. Sie hielten es eher mit Etikette*n*, die sie anderen aufklebten. Völlig zur Unzeit, die Toten waren noch nicht einmal geborgen, versuchte die Co-Fraktionsvorsitzende der Grünen, Katrin Göring-Eckardt, das Wasser bereits auf grüne Mühlen zu leiten: »Natürlich, das sind schon Auswirkungen der Klimakatastrophe. Und das ist ein weiterer Aufruf, sich klarzumachen: Das ist schon da, das ist schon hier bei uns.« Sie forderte, nun »dringend Veränderung herbeizuführen« und »ins Handeln zu kommen«.

Leider sprangen auch Armin Laschet und Markus Söder auf diesen Opportunisten-Zug nach Nirgendwo. Statt die faktenfreie Inkompetenz der grünen Dame zu sezieren, trompeteten beide dieselbe Angstbotschaft ins Land. Ferdinand Knauß kommentierte in *Tichys Einblick*: »Man muss kein Klimawissenschaftler oder Meteorologe sein, um die Göring-Eckardt'schen Auslassungen, denen Laschet und Söder auch noch folgen, als das zu erkennen, was sie sind: Humbug, und zwar ein gefährlicher. Göring-Eckardt schürt nicht nur Angst, sondern verbreitet auch Unwissen, zu neudeutsch: Fakenews. Man kann das durchaus als demagogisch bezeichnen.«

Es stimmt: Man muss nur ein bisschen googeln, und man ist beim Grünen-nahen Umweltbundesamt. Dort heißt es zum Beispiel, es sei »sehr wahrscheinlich, dass Hitzewellen wie jene im Sommer 2003 in Zukunft immer mehr zur Regel werden«. Und: »Im Zuge des Klimawandels ist mit längeren und häufiger auftretenden Trockenheitsphasen und Niedrigwasserperioden in den Sommermonaten zu rechnen.«

Ich bin kein Klimaexperte, ich halte lieber den Mund, obwohl ich weder die Schule geschwänzt noch mein Studium abgebrochen habe. Aber eines weiß ich: Die ambitioniertesten Klimaziele werden selbst den jetzt Geborenen (noch) nichts bringen. Nein, wir bezahlen derzeit die Versäumnisse schwarz-grün-roten Dilettantismus. Warum werden hochwassergefährdete Gebiete als Bauland ausgewiesen? Warum hat man die Bewohner von Trier, Ahrweiler, Altena, Hagen etc. nicht rechtzeitig gewarnt und evakuiert? Warum ist unsere Infrastruktur inzwischen so marode, dass Brücken, Straßen und lebenswichtige Versorgungsleitungen dem Wasser nicht standhalten?

Wer vom Wolkenkuckucksheim einer CO_2-freien Welt träumt (China lässt grüßen!), sollte wach werden für das, was man jetzt sofort und nachhaltig tun kann. Doch die Flucht in die Klimawandel-Lyrik ist ein willkommener Ausweg, eigene politische Verantwortung abzuschieben. Fast symbolisch für dieses reflexhafte Ausweichen steht ein Interview bei *Phoenix* am Tag nach der Hochwasser-Katastrophe 2021. Ein führender Vertreter des Technischen Hilfswerks wurde befragt, was neben dem vielen heldenhaft Guten auch schiefgelaufen war. Fehlende Koordination, marodes Rettungsgerät oder mangelnde Mobilität. Doch der faselte von Klimawandel und CO_2-Ausstoß. Wie beim Fußball: Elf auf dem Rasen, 82 Millionen Experten am Bildschirm.

Ja, auch beim Thema Klima ist jetzt Wahrheit gefragt, das Wissen von Experten (anders als beim Corona-Missmanagement) aus allen Richtungen und Denkschulen. Und keine Ideologie halbgebildeter Laien (griechisch: idiotes), die mit dem Tremolo der Betroffenheit Politik machen wollen und garantiert damit baden gehen.

Trump als Vorbild

Ja, Sie lesen richtig. Ich meine den vielgescholtenen ehemaligen (und vielleicht zukünftigen, siehe die Wahlen in Virginia und New Jersey im November 2021) Präsidenten der Vereinigten Staaten. Donald Trump ist ein großes Vorbild für die deutsche Politik. Kaum ein anderer Politiker hat seine Wahlversprechen so exakt eingehalten wie er. Wer ihn – wie ich – ein paarmal auf Veranstaltungen live erlebt hat und sich nicht aus fünfter Hand informieren ließ, hat das alles gehört und gewusst: US-Botschaft nach Jerusalem, klare Kante gegen China, Gespräche mit Nordkorea, entschieden gegen Gender- und Abtreibungsideologie, relativer Frieden in Nahost durch ein Ende der Israel-Feindschaft arabischer Mächte, klares Aus für wirtschaftsfeindliche Klima-Normen, Austritt aus der WHO und dem Pariser Klimaabkommen, weltweiter Rückzug des US-Militärs. Die Aufzählung ließe sich beliebig fortführen. Was hat man gelacht und gespottet: Das sind doch Wahnvorstellungen eines tobenden Irren, das ist Großmäuligkeit gegen alle Diplomatie, der Mann ist verrückt. Mal war er ein »Hassprediger«, mal ein größenwahnsinniger »Fünfjähriger«. Diese Wahlversprechen: alles heiße Luft.

Jeder, der ihn wählte (bei meinem November-Besuch in der Anti-Trump-Hochburg Kalifornien wollte es keiner mehr gewesen sein, der Joe Biden gewählt hat!), wusste, was auf ihn zukam. Weiß man das bei uns? Eher nicht. Auf jeden Fall solle es Steuersenkungen geben, posaunten CDU und CSU 2021. Die bayerische Variante legte sogar nach und versprach das Blaue vom Himmel. Vor allem für Familien und Gastronomie. Alles Klientel, die abgewandert ist. Und was ist daraus geworden? Die Union kann doch froh sein, an diesen leeren Versprechungen nun auf sehr lange Zeit nicht mehr gemessen zu werden. Man erinnere sich, was das SPD-Urgestein Franz Müntefering einst über solche Polit-Lyrik sagte: »Es ist unfair, Politiker an ihren Wahlversprechen zu messen.« Ich weiß noch, wie wir nachgefragt haben: Meint der das wirklich? Ja, das war sein Standpunkt. Unfassbar.

Hintergrund: Die CDU hatte im Wahlkampf 2005 die Erhöhung der Mehrwertsteuer von sechzehn Prozent auf achtzehn Prozent ins Spiel gebracht. Das wäre voll auf die Gebrauchsgüter durchgeschlagen und hätte in erster Linie die finanziell Schwachen getroffen. Ein gefundenes Wahlkampfthema für die SPD: »Keine Erhöhung der Mehrwertsteuer. Nicht in nächster Zeit und nicht in der kommenden Legislaturperiode« (Franz Müntefering am 19. August 2005). Das war die zentrale Wahlaussage. Man plakatierte sogar: »Nein zur Merkel-Steuer!«

Und dann saß Müntefering mit Merkel in der damals

noch »großen« Koalition. Eine der ersten Maßnahmen war die Erhöhung der Mehrwertsteuer auf neunzehn Prozent! Kompromisse sind Wesenskern einer Koalition. Warum jedoch der Kompromiss zwischen sechzehn Prozent und achtzehn Prozent bei neunzehn Prozent liegt, blieb ein Geheimnis. Die Regierungszeit von Angela Merkel begann mit einer gigantischen Lüge. Und die Manipulation und das ständige Belügen der Öffentlichkeit wurde Methode. Von der Finanz- über die Energie- zur Flüchtlings-, Klima- und Corona-Politik. Die Bürger wurden belogen, geängstigt, eingeschüchtert. Am Ende hätte die CDU am liebsten ganz auf Wahlprogramme verzichtet. Aber wie sagte Franz Müntefering: »Es ist unfair, Politiker an ihren Wahlversprechen zu messen.«

Doch das meine ich nicht, wenn ich Trump ein Vorbild nenne. Nein, die Trump-Hasser haben sich ausgerechnet das als Beispiel genommen, was sie ihm am meisten ankreiden: Lüge, Fakenews, permanente Unwahrheit. Während man den Amerikaner mit unflätigsten Vorwürfen und pauschalen Verurteilungen überhäufte, produzierten die selbstgerechten Linksliberalen Fakenews am laufenden Band. Klar, man wähnte sich auf der Seite der Guten. Steinmeier nannte Trump einen »Hassprediger« und wunderte sich dann als Bundespräsident, dass der US-Kollege ihm die kalte Schulter zeigte.

Wenn Trump wirklich ein Lügner war, dann waren die deutschen Spitzenpolitiker seine gelehrigsten Schüler. Vor allem in den Katastrophen ihrer Corona- und Ahr-Flut-Politik. Ganz zu schweigen von den Zahlenmanipulationen bei der Zuwanderung, der Ausländerkriminalität und bei den

Inzidenzen. Und klar: Wenn man im Rahmen umfassender Volksverdummung den Leuten einbläut, dass infiziert gleich todkrank bedeutet, dann ist Panik und Angst des Volkes programmiert. Nur, dass zum Beispiel Geimpfte die eigentliche Gefahr sind, weil sie ungetestet überall zugelassen sind, obwohl sie in vielen Fällen ansteckend sind und die Impfwirkung schon nach ein paar Monaten gar nicht mehr vorhanden ist, das hat man uns lange verschwiegen.

Erst waren Masken völlig sinnlos und wurden abgelehnt. Dann sah man plötzlich Herrn Söder auf dem Münchner Flughafen mediengerecht vor Masken-Bergen aus China populistisch posieren, die uns durch ihn die Rettung bringen sollten. Doch die erwiesen sich leider als Fake wie viele andere, die danach produziert wurden. Nun sitzen wir auf Lügen-Masken im Wert von 1 000 Millionen Euro. Alles Steuergelder, die man zur Sanierung von Schulen und Kindergärten hätte verwenden können. Zwischendurch wurden Masken-Deals enthüllt, mit denen sich Politiker schamlos bereichert hatten. Familienmitglieder von Politikern in Regierungsämtern wurden über Nacht zu Maskenhändlern und -beschaffern. Donald Trump war ein Waisenknabe dagegen!

Dem Volk wurde vorgegaukelt, die Intensivbetten seien überfüllt und das Gesundheitssystem an seiner Belastungsgrenze. Alles Fake, alles Lüge: Man hatte von den 40 193 Intensivbetten 2020 nämlich rund 10 000 im Jahr 2021 abgebaut. Es gab nur noch 30 207 Betten, so die hochoffizielle, unbestechliche Statistik des DIVI-Intensivregisters. In Berlin verschwand eine riesige, nie genutzte Intensivstation auf dem Messegelände mit fünfhundert Betten quasi über

Nacht aus der Realität und der Statistik. Wo ist da eigentlich die Investigation der ach so kritischen Medien?! Donald Trump ist ein leichtes Lüftchen gegen diesen Lügen-Tsunami! Krankenhäuser, in deren Aufsichtsräten namhafte Politiker sitzen, haben die Zahlen schlichtweg erfunden, manipuliert, erstunken und erlogen. Fake! Impfen sollte erst retten und Tests erübrigen. Dann doch nicht. Klar, jedes zweite Haus, jede arabische Shishabar wurde plötzlich Testzentrum. Irgendwelche im Schnellverfahren »promovierte« Laien bohrten einem in Nase und Rachen herum. Bis man merkte: Dort werden Fantasiezahlen zu Fantasiesummen abgerechnet. Betrug, Lüge, Fake.

Die politischen Corona-Fehlentscheidungen haben nicht nur schweren psychischen Schaden angerichtet: Depression, Einsamkeit, Flucht in die Sucht oder familiäre Gewalt. Die Sozialminister fordern jetzt einen »Einsamkeitsgipfel«. Einen größeren Beweis für den Bankrott der Kirchen kann es nicht geben. Wir werden es künftig auch mit dramatischen Folgekosten dieser Wahnsinns-Maßnahmen zu tun haben. Ärzte schlagen Alarm, Beispiel die exorbitante Zunahme von Atemwegserkrankungen bei Kindern.

Das Maß ist wohl der italienische Künstler Salvatore Garau, dem es doch tatsächlich gelang, ein pures Nichts für eine Rekordsumme versteigern zu lassen: eine Skulptur mit den Ausmaßen 150 mal 150 Zentimeter sollte es sein, »sie besteht aus Geist und Luft. Meine immaterielle Skulptur findet ihre Form im Nichts ... als unsichtbare Energie.« Des Kaisers neue Kleider: Man verkauft (erfolgreich) heiße Luft. Propaganda schafft alles. Solche Luftnummern nennt man hierzulande Politik. Sie sind auch nur zu Höchstpreisen zu haben und werden von den Medien und der Öffentlichkeit bejubelt. Bis einer kommt und sagt: Der Kaiser ist nackt ...

Mogelpackungs-Propaganda hat immer die gleiche Masche: Leugnung und Aufhübschen der Realität durch Sprachkosmetik. Schönfärberei durch Euphemismen. Aus »Flüchtlingen« werden innerhalb weniger Wochen erst »Geflüchtete«, dann »Schutzsuchende«. Und der Journalismus übernahm die Propaganda-Euphemismen jedes Mal willig.

Es ist eine endlose Liste von Lügen, Tricks, Täuschungen, Fakenews. Niemand wollte Verantwortung übernehmen für all die mörderischen, todbringenden Pleiten und Pannen, wie die durchaus vorhersehbare Flutkatastrophe in Nordrhein-Westfalen und Rheinland-Pfalz. Man wusste genau, dass die Ahr ein Hochwasserrisiko darstellt. Aber man traf keine Vorsorge. Die Meteorologen schoben es auf die Behörden, der Bund schob es auf die Länder, die Länder auf die Landräte, die Landräte auf die Bürgermeister. Die wiederum auf den Katastrophenschutz und alle gemeinsam auf die Radios von *WDR* und *SWR*, weil sie nicht gewarnt hatten. Doch die konnten es gar nicht, weil die Politik mörderisch versagt hatte. Zum Schluss ist niemand schuldig. Volksverdummung, bis das Maß voll ist.

Allüberall ein riesiges Geflecht von Lügengeschichten. Sogar Lebensläufe, Doktorarbeiten und Bücher werden mittlerweile gefälscht. Gegen Baerbocks Biografie-»Beschönigung« und ihr Buch, das bekanntlich kein Sachbuch ist, gegen die »Doktorarbeiten« von Guttenberg bis Giffey sind die Aufhübsch-Versuche Trump'scher Lyrik Peanuts. Nein, das alles hätte Donald Trump niemals hinbekommen, dafür waren ihm die Medien und die ausländischen »lieben Kollegen« viel zu dicht auf den Fersen.

Misstrauen, auch gegenüber der Regierung, ist weder notwendig negativ noch zwangsläufig demokratiefeindlich: »Grundlage der freien Regierung ist das Misstrauen. ... Misstrauen lässt uns Sicherungsvorschriften in die Verfassung aufnehmen, die jene bindet, denen wir verpflichtet sind, Macht anzuvertrauen«, schrieb Thomas Jefferson, dritter US-Präsident und der Vater der amerikanischen Unabhängigkeitserklärung. In Deutschland hebelt man das ganz einfach aus: Man lädt die Verfassungsrichter mal eben zum schicken Abendessen ins Kanzleramt ein.

Berlin bleibt doch Berlin

Das konnte nicht gut gehen. Wochen vor dem Berliner Mega-Wahlsonntag am 26. September 2021 (Bundestag, Abgeordnetenhaus, Volksabstimmung) warnte ich einige Medienkollegen: »Rüttelt die Leute wach, dass sie möglichst früh hingehen! Am selben Tag ist der Berlin-Marathon. Da ist die Stadt lahmgelegt. Da ist kein Durchkommen.« Nur wenige nahmen das ernst.

Vor meinem Abflug nach Bozen und vor Beginn der Absperrungen war ich als einer der Ersten im Wahllokal 609. Da hatte sich bereits eine Schlange gebildet, weil es nur zwei Wahlkabinen gab. Eine Dame vor mir brauchte ganze zwölf Minuten, um ihre Kreuzchen zu machen. Auch ich musste erst mal das Gewirr der vielen Zettel ordnen und schauen, wo man was wie wählen kann. »Sie können nicht ernsthaft nur zwei Kabinen aufstellen. Was meinen Sie, was heute Mittag hier los ist.« Die fünf anwesenden Wahlhelfer schauten mich an, als wäre ich alter weißer Mann gerade vom Mars gelandet: »Das war hier immer so.«

Abends in Südtirol war dann plötzlich weniger das Kopf-an-Kopf-Rennen Laschet/Scholz das Thema, sondern der Skandal, dass man als Deutscher in der deutschen Hauptstadt das zuletzt von Deutschen in Mitteldeutschland 1989 erkämpfte »deutsche allgemeine, freie, gleiche und geheime Wahlrecht« (Artikel 38 des Grundgesetzes) nicht wahrnehmen konnte. Dass Menschen an dieser ohnehin von Corona-Maßnahmen zerfressenen Demokratie allmählich (ver)zweifeln, ist kein Wunder.

Ein bekannter Chefredakteur war zweimal vor seinem Wahllokal und zog beide Male unverrichteter Dinge wieder ab, da die Warteschlange seinen Redaktionsbeginn gefährdet hätte. Er musste nach Wahlschluss um 18 Uhr berichten, obwohl sich da immer noch zahlreiche Berliner die Beine in den Bauch standen. Tausende wurden abgewiesen, es fehlte an Wahlkabinen, ja sogar an Wahlzetteln. Und Ersatz konnte wegen des Marathonlaufs nicht rechtzeitig herbeigeschafft werden. Der Höhepunkt: In all der chaotischen Hektik wählten auch Minderjährige und Ausländer fröhlich mit. Deutsche Demokratie 2021: »Wer will noch mal, wer hat noch nicht« oder »Jekami: jeder kann mitmachen.«

Mein Wahlkreis mit seinem Wahllokal Nummer 609 war plötzlich einer der Nabel dieser verkehrten Welt. Der Vater eines bekannten Politikers mailte mir: »Herr Hahne, tun Sie was. Wir waren im selben Wahllokal. Das ist doch keine Demokratie mehr.« Und wieder begann das beliebte Spiel, in dem Deutschland Weltmeister ist: der Schuld-Verschiebe-Bahnhof. Wie immer will niemand verantwortlich sein. Vor allem die Politiker nicht. Doch die haben komplett versagt. Die nehmen skrupellos ihre Mandate an, von denen man gar nicht weiß, ob sie überhaupt rechtmäßig erworben wurden.

Ganz nebenbei wurden auch noch zwei Ottos verwechselt. Der eine kandidierte in Reinickendorf für die FDP und verlor, der andere gewann für die Grünen in Pankow. Die offizielle Wahlbestätigung, unterschrieben von der Landeswahlleiterin höchstpersönlich, ging prompt an den falschen der beiden Namensvetter. Wenn schon, dann geht alles schief. Berlin bleibt eben Berlin.

Meine Stimme wurde, so las ich in Meran, »geschätzt«, weil eine genaue Zählung in Wilmersdorf nicht möglich war. Insofern stimmt das Grundgesetz: Meine Stimme war »geheim«, sonst aber nichts. Man lasse sich das auf der Zunge zergehen: Geschätzt! Da war die Volkszählung bei der Geburt von Jesus Christus ja präziser! Die Geschichte ist uns allen im Ohr: »Da machte sich auf auch Josef aus Galiläa, aus der Stadt Nazareth, in das jüdische Land zur Stadt Davids, die da heißt Bethlehem, darum dass er von dem Hause und Geschlechte Davids war, auf dass er sich schätzen ließe mit Maria, seinem vertrauten Weibe; die war schwanger«, wie es der Arzt Lukas in seinem Evangelium präzise berichtet (Kapitel 2, Verse 4 und 5).

In Thüringen wurde im Februar/März 2020 eine demokratische Wahl per Kanzlerinnen-Befehl gleich annulliert: »Unverantwortlich! Rückgängig machen!« Kann ich doch froh sein, dass meine Stimme wenigstens noch geschätzt wurde. Doch viele Wähler wurden an ihrem Wahlrecht gehindert. Ja, sie wurden mangels Stimmzettel wieder nach Hause geschickt. Offiziell verlautbarte der zuständige Innensenator zu einem Wahlbezirk: »Bis Ende der Wahl konnten keine AGH (Abgeordnetenhaus) Erst- und Zweitstimmen abgegeben werden. Wählende mussten nach Hause geschickt werden.«

Wenigstens noch eine Lachsalve für geistloses Gender-Gaga in dem Chaos: Wie konnten Wählende nach Hause geschickt werden, die doch gerade deshalb weggehen mussten, weil sie eben nicht wählen konnten. Sie waren zwar (deutsche Grammatik!) Wähler, aber leider keine Wählenden. Dafür fehlten die Zettel. Kurios auch der Eintrag unter »Sonstiges« im Wahllokal 817: »19.12 Uhr, Wahlvorsteher verlässt wortlos das Wahllokal.« Entsetzen? Flucht aus der Verantwortung? Man weiß es nicht. Die Landeswahlleiterin wurde zum Sündenbock erklärt und bat drei Tage später um Entbindung von ihrem Amt. Sonstige Verantwortliche? Fehlanzeige.

Aber wer übernimmt in Berlin schon Verantwortung. Als ich von Südtirol zurückkam, landete ich in einem beispiellosen Chaos auf dem Skandalflughafen BER. Ferienbeginn, eine ähnliche »Überraschung« wie der parallele Berlin-Marathon am Wahlsonntag. Alles ging drunter und drüber. Sieben Milliarden in den Brandenburger Sand gesetzt, und beim ersten (durchaus erwartbaren!) Ansturm bricht alles zusammen. Lächerliche 118 Abfertigungsschalter, nicht genug Platz vor den Sicherheitskontrollen, nur acht Gepäckbänder. Das nennt sich Metropolen-Flughafen. Jetzt soll der Steuerzahler noch mal 2,4 Milliarden für »Nachrüstung«

blechen. Als kurz vor Weihnachten der erste Schnee fiel, wenige Millimeter, hatten die abfliegenden Maschinen bis zu neunzig Minuten Verspätung. Es gab zu wenig Enteisungs-Geräte. Klar, was kann man für inzwischen rund zehn Milliarden Euro schon erwarten ...

Für mich ist das Maß längst voll. Aber jammert mir nichts vor. Die Verursacher sind klaglos wiedergewählt worden. Viel Spaß! Volksverdummung funktioniert selbst in Krisenzeiten höchst erfolgreich. Oder wie es seit 1949 in der Hauptstadt-Hymne heißt: *Berlin bleibt doch Berlin.* Texter Bruno Balz und Komponist Will Meisel liegen beide auf dem Friedhof Wilmersdorf. Dort, wo meine geheime Stimme begraben wurde.

Von Christen ausgestoßen und abgestoßen

»Bitte beachten Sie: Das Betreten der Kirche und die Teilnahme am Gottesdienst erfolgen auf eigene Gefahr!« Dieser Thesenanschlag »schmückte« eine bayerische Kirche im Sommer 2021. Es fehlte nur noch: Zu Risiken und Nebenwirkungen fragen Sie Ihren Nervenarzt oder bei Bluthochdruck Ihren Internisten. Bei manchen Predigten braucht man auch gleich einen Notarzt. Klar, zu den kirchlichen Corona-»Maßnahmen« gehörten in vorlaufendem Obrigkeitsgehorsam Todeswarnungen und Aussperrungen. Doch wer muss überhaupt noch abgewiesen werden?

Wozu brauchen wir (noch) Kirche? Diese Frage stellen selbst gläubige Christen. Leute, die es leid sind, diese pandemische Zersetzung des Glaubens zu ertragen. Wie ein Virus zerfressen der Zweifel, der Drang nach politischen Allmachtsfantasien, vermeintlicher Modernität und Mainstream die christliche Substanz. Selten hat eine Organisation so viel Selbstzerstörung geliefert. Politische Parallele wäre die C(!)DU/C(!)SU. Zentrale Inhalte der Bibel werden preisgegeben, Pfarrer treten mit der Attitüde allwissender Experten von Corona bis Klima, von Atomkraft bis Gender auf.

Gläubige ziehen sich in Freikirchen und Gemeinschaften zurück. Oder zu den Pastoren, denen es um die Sorge für die Seele geht. Davon gibt es Gott sei Dank noch welche. Oft Einzelkämpfer. Das breite Volk wendet sich ab, wie es *WELT*-Chefredakteur Ulf Poschardt, ein bekennender Christ, dessen Vater Methodisten-Prediger war, nach dem Besuch eines Weihnachtsgottesdienstes begründete: »Wer soll eigentlich noch freiwillig in eine Christmette gehen, wenn er am Ende der Predigt denkt, er hat einen Abend bei den Jusos beziehungsweise der Grünen Jugend verbracht?«, twitterte er an Heiligabend 2017. Und er legte noch nach: »Klischees, ranzige Vorurteile, Dämonisierung von Macht und Erfolg« – mit scharfen Worten formuliert er seine Enttäuschung über Predigten, »die von der Politik dominiert sind«.

Und ich stimme dem, was Poschardt aus seiner beruflichen Perspektive heraus sagt, voll und ganz zu: »Ich beschäftige mich als Chefredakteur der *WELT* jeden Tag mit Politik. Wenn ich die gleichen Sachen, die ich von Grünen-Chef Robert Habeck vor zwei Wochen im Interview gelesen habe, später von der Kanzel höre, befremdet mich das ... Mich hat die Kirche als Kirchgänger verloren.«

Er verurteilt gnadenlos das Schweigen der Kirchen zu den antichristlichen Straftaten, verübt durch Muslime:

»Heiligenfiguren werden bespuckt, Kreuze geschändet, in Weihwasserbecken wird uriniert. Aus der sonst so talkshowtauglichen Dauermoralbeschallung der Kirchen ist dazu wenig zu hören ... Es bleibt still bei den sonst sehr laut agierenden Kleropopulisten!«

Sein Kollege Alexander Graf von Schönburg-Glauchau, verwandt mit der Queen, Bruder von Fürstin Gloria von Thurn und Taxis, beschreibt und beschreit Ähnliches. In seiner täglichen, lesenswerten *BILD*-Kolumne berichtet der engagierte Christ von einer Reise zu seinem Patensohn ins Berner Oberland: »Wir besuchten am Sonntag eine kleine Dorfkirche. Interessanterweise waren mein Neffe und ich die einzigen Gottesdienstbesucher, die nicht zum philippinischen Hauspersonal hier ansässiger Oligarchen zählten.«

Früher habe man selbst prominente Besucher erlebt: »Vorbei! Die machen alle inzwischen Yoga oder haben einen Haus-Schamanen.« Leute, die etwas für die Seele wollen, fürs Herz. Und statt ideologischer Belehrung geistliche Erbauung suchen. Die sich längst abgewandt haben, weil es Steine statt Brot gab, religiöse Leckerbissen statt biblischem Lebensbrot.

Aus der Frage »Brauchen wir Kirche?« ist längst die Frage geworden: »Brauchen wir überhaupt noch den christlichen Glauben?« Das ist das Neue, das Erschütternde, was ich immer stärker gerade in bürgerlichen Kreisen erlebe. Die anderen sind ohnehin schon längst weg. Mit der Kirche wird nun auch der Glaube ad acta gelegt. Oft sogar mit wütender, ja hasserfüllter Abwehr. Viele sind nicht mehr bereit, zwischen Gottes Bodenpersonal und dem biblischen Glauben zu unterscheiden. Das ist der Ernst der Lage.

Das hat eine Kirche geschafft, die sich selbst überflüssig macht. Für die ich Jahrzehnte aus Überzeugung Verantwortung trug. Sie hat nicht nur eine Organisation an den Rand des – auch finanziellen – Abgrunds gebracht. Sie hat dem Kern, der Sache, der Substanz des biblischen Glaubens schwer geschadet. Das ist der eigentliche Skandal, der zum Himmel schreit.

Jesus Christus sagte in einladender Souveränität vor rund 2 000 Jahren: »Kommet her zu mir, alle, die ihr mühselig und beladen seid; ich will euch erquicken« (*Matthäus-Evangelium* 11, 28). Nicht indoktrinieren und politisieren. Erquicken! Nicht Geimpfte und Genesene. Alle! Nach diesem Motto handelten Missionare und Pastoren bei Pest und Cholera, bei Lepra und Syphilis, den verheerenden Seuchen des Mittelalters. Sie setzten der gesellschaftlichen Ächtung der Kranken einen klaren Kontrapunkt. In solchen Zeiten entstanden auch die aussagekräftigsten Choräle.

Frage: Wer ist diesem Jesus-Wort näher: ein Dresdner Kultcafé nahe der Frauenkirche, das im Sommer 2021 plakatierte: »Jeder Gast ist herzlich willkommen – gesund, genesen, getestet, geimpft, ungeimpft.« Oder die legendäre Räucherkerzen-Schauwerkstatt des frommen Unternehmers Jürgen Huß im Erzgebirge: Unter dem großen Plakat »Mein Hausrecht!« ist das Bild einer durchgestrichenen Maske zu sehen. Unter einem großen Kreuz stehen die biblischen »3G-Regeln« der Traditionsfirma gegen die Corona-Angst: gehalten, geschützt, gerettet – von Gott. Oder ist etwa eine christliche Kirche mit dem riesigen Hinweis an der Eingangstür »2G-Regel für Gottesdienste! Nur Geimpfte/Genesene!« näher an Christus?

Vom Kampf gegen Gendioten

Erich Kästner, Meister der Ironie und Kritiker des Spießbürgertums, meinte einmal: »An allem Unfug, der passiert, sind nicht nur etwa die schuld, die ihn tun, sondern auch die, die ihn nicht verhindern.« Der reaktionäre und spießbürgerliche Gender-Unfug ist ein Paradebeispiel. Es ist Feudalismus pur, wenn sich eine Mini-Minderheit aufschwingt, von oben herab durch inquisitorische Sprachideologie im obrigkeitlich-oligarchischen Stil einer Sekte die Hegemonie über das Volk zu erzwingen.

TV-Star Wayne Carpendale, 297-mal als junger *Landarzt* in der gleichnamigen *ZDF*-Serie auf dem Bildschirm, wehrte sich spektakulär gegen den Gender-Wahn. Eine Promi-Illustrierte hatte seine Zitate ungefragt »gegendert«, also mit diesen irrsinnigen Zeichen versehen: »Kolleg:innen, Pfleger:innen, Patient:innen«. Nebenbei: Hier zeigt sich die ganze pseudoelitäre demokratiefeindliche Arroganz: Gegen den Volkswillen setzt einer einen Doppelpunkt, andere Sternchen usw. Viel Spaß beim Lernen!

Carpendale postet empört auf *Instagram*: »Und wenn ich mich entscheide, nicht zu gendern, dann möchte ich auch nicht, dass man das (stellvertretend) für mich tut. Leider gibt es gerade so einen medialen Trend, dass in Interviews, auch in Pressemitteilungen und Moderationen ungefragt rumgegendert wird, weil es in die Firmen-Policy passt.« Professor Walter Krämer, Vorsitzender des Vereins Deutsche Sprache (VDS), dazu: »Wenn Journalisten die Worte ihrer

Interviewpartner gendern, ist das ein grober Eingriff in Urheber- und Persönlichkeitsrechte.« Und genau dieselben Ideologen, die für ebendiese Rechte eintreten, scheren sich in ihrem eigenen missionarisch-fundamentalistischen Furor keinen Deut darum.

Erfolgreich der Protest einer Autorin, die gegen einen Verlag geklagt hat, weil der gegen ihren Willen einen ihrer Texte gegendert hat. Aus dem Begriff »Zeichner« machte der Verlag eine »zeichnende Person«. Damit habe man »gegen ihren Willen die Gendersprachdoktrin durchgesetzt«. Gut, dass sie nicht von toten Radfahrern geschrieben hat, die jetzt regierungsamtlich »getötete Radfahrende« heißen. Tot sein und gleichzeitig Rad fahren, das ist entweder das Wunder der Auferstehung oder blanker Irrsinn. Es hat jedoch keinen Sinn, wenn zwar drei Viertel der Deutschen diesen Irrsinn ablehnt, man sich aber als schweigende Mehrheit ruhigstellen lässt.

Das gilt auch für dieses wichtigtuerische Denglisch, diese Mickymaus-Sprache der Halbgebildeten. Paradebeispiel ist der aktuelle Koalitionsvertrag. Eine kleine Kostprobe verhindert schon ernsthaftes Weiterlesen: »Wir erarbeiten eine Industriestrategie, die in Verbindung mit dem European Green Deal in eine europäische Lösung eingebettet ist und durch geeignete Maßnahmen Carbon Leakage verhindert.« Oder: »Wir stärken strategische Technologiefelder z.B. durch Important Projects of Common European Interest (IPCEIs) ... Wir unterstützen ein Level Playing Field im Wettbewerb und setzen uns für ambitionierte Regelungen des Digital Markets Act (DMA) ein ...« Berliner Realsatire!

Man kann sich wehren! Es kostet oft nur wenige Minuten. Ich schicke jede Mail, jeden Brief freundlich zurück, in denen kein korrektes Deutsch steht: »Es könnte Ihr Schreiben in die Hände von Kindern, Migranten oder Lernschwachen fallen, die durch eine solch verstörende, verschwurbelte Leugnung der deutschen Grammatik durch Gendioten verunsichert werden. Bitte schreiben Sie mir noch einmal.«

Handelt es sich um ein Abonnement, so kündige ich es. Bei Pressemitteilungen, für die ich in den Verteilern stehe, mahne ich, mich sofort aus ebendiesen herauszunehmen: »Bitte schicken Sie mir Ihre interessanten Infos auf Deutsch oder gar nicht.« Ein christlicher Verband antwortete verwirrt, es sei mir doch, im Gegensatz zu der englischen Version der Texte, die deutsche geschickt worden. Mein Konter: »Das halten Sie also für Deutsch?! Bei jedem Aufsatz bekämen Sie dafür eine Sechs.«

Das schärfste Schwert ist immer das Geld. Ich habe alle Daueraufträge für Organisationen gekündigt, die mich mit »Liebe Spender*innen« anreden oder in ihren Mitteilungen von »Studierenden«, »Mitarbeitenden« oder von »Teilnehmenden« sprechen. An den Antworten merkt man oft, wie naiv und unbedacht diese Ideologie ungeprüft übernommen wird: »Aber das macht man doch heute so ...« Man vielleicht, aber nicht ich. Die deutsche Sprach- und Sprechweise ist genauso normiert wie das Reinheitsgebot des Bieres.

Proteste lohnen sich, auch wenn es vielleicht nur jeder zehnte ist. Im Skiurlaub lese ich den *Walliser Boten*, das Monopolblatt des deutschsprachigen Wallis. Plötzlich begann diese katholisch-konservativ geprägte Zeitung mit dem Gendern. Ich nahm mir mal eine Ausgabe vor und schrieb folgenden Leserbrief: »Seit 48 Jahren komme ich auf die Bettmeralp zum Skifahren oder Wandern, jedes Mal lese ich voll Freude den *Walliser Boten*. Qualitätsjournalismus für das Wichtigste, was man lesen will: Regionales. Kompliment! Auch Ihr heutiger Kommentar ›Merkel fehlt der Blick für die Menschen‹ bringt auf den Punkt, was deutsche Kollegen nicht schreiben, besser: sich nicht zu schreiben trauen.

Was mir jedoch das Lesen zunehmend zur Qual macht: die völlige Missachtung der deutschen Grammatik. Heute sogar der Titel: ›Lonza impft ihre Moderna-Mitarbeitenden‹. Das Unternehmen ist zu beglückwünschen! ›Mitarbeitende‹ (Partizip Präsens) arbeiten bekanntlich rund um die Uhr, ohne Rast und Ruh. Ein ›Mitarbeitender‹ ist immer ein Arbeiter, aber ein Arbeiter ist noch lange kein ›Mitarbeitender‹, weil er ja auch mal Urlaub hat.

Lustig wird's bei Ihren Wahl-Doppelseiten: ›Kandidierende‹. Nach gültiger Grammatik erwarten die dortigen Kandidaten gar nicht, jemals gewählt zu werden, weil sie ja als ›Kandidierende‹ immerwährend kandidieren. Die politischen Gegner wird's freuen. Im Deutschen haben wir das ›generische Maskulinum‹, das mit Sexualität etc. nichts, aber auch gar nichts zu tun hat. Der Plural Kandidaten/Mitarbeiter meint niemals ›nur‹ Männer. Wir haben im Deutschen Gott sei Dank eine ›Sprache für alle‹.

Ganz schlimm wird es, wenn ich in einer kleinen Meldung von der Schulschließung im wunderschönen Ernen gerne Gründe erfahren will. Ihre Mini-Mini-Meldung füllt die wenigen Zeilen statt mit Informationen lieber mit grammatikalischen Überflüssigkeiten: Ernerinnen und Erner,

Schülerinnen und Schüler, Lehrerinnen und Lehrer. Ist das noch Sprache oder schon Ideologie?

Oder gehen Sie etwa davon aus, dass Ihre Leser (oder vielleicht auch nur ein Leser und eine Leserin) keine Ahnung von Grammatik haben? Das will ich aber nicht glauben, dafür sind mir die Walliser viel zu intelligent und sympathisch.«

Der Chefredakteur lud mich zum Interview, wenige Tage später ganzseitig im Blatt mit der Überschrift: »Die Gender-Sprache ist bekloppt!« Riesiges Echo in der Leserschaft. Tage später Redaktionskonferenz mit dem Verleger (laut des Schweizer Star-Kollegen Roger Köppel »ein hervorragender Mann«) und eine weitere Seite im Walliser Boten: »Warum wir nicht mehr gendern ...«

Wer sich nicht wehrt, verliert! Seinen Standpunkt offensiv verteidigen ist der Schlüssel der Überzeugung. Doch der Standpunkt derer, die nur nörgeln und nicht protestieren, gleicht im Grunde dem der kritisierten Gender-Ideologen. Oder um es mit Albert Einstein zu sagen: »Der Horizont vieler Menschen ist wie ein Kreis mit Radius Null. Und das nennen sie dann ihren Standpunkt.«

Das Pseudonym Gottes

Gott ist im Kleinsten am allergrößten. Das gehört zu meinen wichtigsten Lebenserfahrungen. Es sind meist die alltäglichen Dinge, selten das große Ereignis. Wenn sich nach stundenlangen Warteschleifen und inkompetentem Call-Center-Personal plötzlich in der Hotline eines Autovermieters jemand meldet, nach dem Namen fragt und sagt: »Ich habe alle Ihre Bücher und lese Ihre Artikel mit Interesse. Ich kümmere mich jetzt«, und alles läuft wie am Schnürchen, was vorher unmöglich war, dann mag man das Zufall nennen. Für mich ist Zufall ein Pseudonym Gottes. Ja, »wer nicht an Wunder glaubt, ist kein Realist«. Da hat David Ben Gurion, Israels erster Ministerpräsident, völlig recht.

In den verheerenden Hochwasser-Fluten vom Juli 2021 gab es Tod, Verwüstung und Verzweiflung. Aber auch Wunder. Zum Beispiel dieses kleine, das durch alle Medien ging: Ein Mann aus dem besonders betroffenen Ahrweiler fand im Schlamm seinen Ehering wieder. Die Presse sprach vom »Ring-Wunder in Rheinland-Pfalz«. Am Abend vor der Katastrophe hatte er (»mein tägliches Ritual«) den Ring neben das Foto seiner Frau gelegt. Dann spülte die Flut alles weg.

Beim Aufräumen sah er draußen in der Schlammwüste etwas Glänzendes. Es war der verlorene Ehering: »Ich danke dem Herrn, dass ich so eine Frau gekriegt habe. Mit ihr werde ich es schaffen. Wir werden es alle schaffen. Wir gehen nicht unter. Wir enden nicht im Schlamm. Wir stehen wieder auf, ... und den Ring nehme ich nie wieder ab.«

Ja, dem Herrn Jesus Christus kann man sogar für kleinste Wunder mitten in aller Hilflosigkeit danken. Gottes Allmacht in menschlicher Ohnmacht. Was für eine gewisse Zuversicht: »Wir gehen nicht unter!« Wer sich auf ihn verlässt, ist nie verlassen. Wer sich an ihn hängt, hängt nicht durch. Das erlebte ein Feuerwehrmann buchstäblich, der sich mitten in den reißenden Fluten an ein steinernes Grabkreuz klammerte. Sechs Stunden! Das Kreuz rettete ihm das Leben.

Schade, dass solche Realitäten von Gottes Eingreifen an einem Pfarrer wohl spurlos vorbeigegangen sind. *Bild am Sonntag* titelte nach der Flutkatastrophe: »Pfarrer: Ich rede nicht mehr mit Gott!« Ich wäre der Letzte, der jetzt den Stab brechen würde. Aber was ist das für eine trostlos-traurige Botschaft, wo gerade in diesem Moment Trost und Gottvertrauen gefragt wären. Keine gespielte Stärke, das ist wahr. Doch die Treue eines Hirten.

Einen Satz des Interviews kann ich sogar dick unterstreichen: »Mit Kirche habe ich momentan nichts am Hut. Das Allerletzte, woran ich gerade denke, ist das System Kirche. Gehen Sie davon aus, dass ich für den Laden Kirche gerade gar nichts mache.« Klar, die kümmert sich ja gerade um Gender-Gaga in korrekter Kirchensprache (Gott mit Sternchen und ähnliches Allotria) oder die Kooperation mit Schlepperbanden im Mittelmeer.

Aber Gott?! »Nein, ich rede im Moment gar nicht mit Gott ... Ich finde keine Worte. Die Worte, die ich sonst gebraucht habe, passen nicht.« Ich möchte diesem Pfarrer zurufen: Auch mir fehlen oft die Worte. Dann lese ich die Gebete der uralten Psalmen. Damit haben sich Juden und Christen über die Jahrtausende getröstet. Im Krieg, im Konzentrationslager, in Katastrophen. Damit haben sie geklagt, geweint, gelacht.

»Der Herr ist mein Hirte, mir wird nichts mangeln ... Und ob ich schon wanderte im finstern Tal, fürchte ich kein Unglück; denn DU bist bei mir!« (Psalm 23). Das gilt auch für das finstere Flut-Ahrtal. Oder die Trost-Choräle über Jahrhunderte: »In wieviel Not hat nicht der gnädige Gott über dir Flügel gebreitet« (Joachim Neander, 1680). »Wenn ich auch gleich nichts fühle von deiner Macht, du führst mich doch zum Ziele, auch durch die Nacht« (Julie Hausmann, 1862). Alles Lieder, die in der Not entstanden sind.

Wo ist Gott in all dem Leid? Das ist die wohl am häufigsten gestellte Frage. Wie kann Gott das zulassen? Aber muss man die Frage nicht umdrehen: Wie kann der Mensch das zulassen? Nehmen wir zum Beispiel die Hochwasser-Katastrophe. Hat Gott die Sirenen abgeschafft, die Böden versiegelt, Bauland in Gefahrengebieten ausgewiesen? War er es, der die Warnungen der Meteorologie oder der Satellitentechnik in den Wind schlug? Das Bundesamt für Bevölkerungsschutz und Katastrophenhilfe (BBK) prognostizierte wenige Stunden vor der gigantischen Acht-Meter-Flutwelle entgegen der Faktenlage: Es ist mit keinen Schadensereignissen zu rechnen.

Faselte Gott etwa von Klimaschutz, wo Katastrophenschutz gefragt war? Es war wie auf der Titanic: Das stolze, moderne, fortschrittliche Deutschland hat an alles gedacht, nur nicht an eine Katastrophe, wie es sie in der Geschichte schon x-mal verheerend gab. Übrigens ganz ohne CO_2-Ausstoß von Industrie und Flugverkehr. Von Klimaerwärmung merkte man zu den Zeiten nichts. Statt Tatsachen zu debattieren, folgt man lieber Greta, Luisa und allen anderen modernen Ikonen, von wirren Bischöfen zu Heiligen ernannt, von Politikern verhätschelt. Jedoch Menschen vor konkreter Gefahr zu warnen, das vergaß man. Auch, weil man Gott vergessen hatte.

Dennoch fragen sich viele, warum Gott bei diesem ganz offensichtlichen Versagen der amtierenden Politik nicht eingegriffen hat, ihr in den Arm gefallen ist. Das persönliche Leid will ja erklärt sein. Den regierenden Hauptverantwortlichen fällt dazu nichts ein. Außer Selbstrechtfertigung vielleicht. Und Gott? Er macht das Leid vielleicht nicht erklärlicher, aber auf jeden Fall erträglicher. Zu meinem Buch *Leid – Warum lässt Gott das zu?* habe ich mehrere Aktenordner Post. Erschütternde Zeugnisse von wildfremden Menschen, wie sie in ihrem Alltag Antwort auf diese quälendste aller Lebensfragen bekommen haben.

Ich erhielt meine Antwort ausgerechnet von einem Politiker. Als *ZDF*-Moderator hatte ich über das verheerende Unglück während einer Flugschau in Ramstein zu berichten: 28. August 1988, auf der US-Air-Base 300 000 Zuschauer, über ihnen stoßen drei Flugzeuge zusammen und stürzen brennend vom Himmel in die Menge. Die erschütternde Bilanz: siebzig Tote, darunter ein ungeborenes Kind, mehr als tausend zum Teil Schwerstverletzte, die bis heute unter den dramatischen Brandwunden leiden.

Ich werde den Trauergottesdienst nie vergessen. Einer der Redner war der damalige Ministerpräsident von Rheinland-Pfalz, Bernhard Vogel. »Können wir jetzt noch an Gott glauben?«, fragte er in die trauernde Menge. Mir blieb der Atem stehen: Warum wirft dieser gläubige Christ ausgerechnet hier und jetzt diese Frage auf? Warum sät er den Zweifel? Doch Vogels provozierender Satz führte vom Zweifel zur Gewissheit: »Doch, gerade jetzt dürfen wir an Gott glauben. Denn ohne Gott endete unsere Hoffnung an unseren Grenzen.« Und wir wissen nicht erst durch Katastrophen, wie eng die sind. Gemeinsam ist allen Menschen die Grenze des Todes. Die Sterblichkeitsrate liegt bei hundert Prozent. Das scheint heute vergessen. Wer mit 95 »an Corona« stirbt, dient der Statistik und als Verschleierung der politischen Pannenliste. Ein muslimischer Taxifahrer zu mir: »Ich lese alle ihre Bücher, obwohl ich Moslem bin. Aber sagen Sie mir mal: Warum habt ihr Christen jetzt solch panische Angst vor dem Tod?« Er hat recht. Bereits das zweite Weihnachtsfest in Folge wurde eher von der Heidenangst der Todespanik verdüstert als von der Christusfreude »Fürchtet Euch nicht!« überstrahlt. Ich bin gewiss: Wer Alpha und Omega kennt (so wird Jesus Christus am Schluss der Bibel genannt: der Erste und der Letzte), braucht sich vor Omikron und Delta nicht zu fürchten. Höchstens vor den Folgen des »Feuerlöschens«.

Für viele ist das Maß des Erträglichen längst voll. In Krisenzeiten hilft keine Volksverdummung. Nur das Echte zählt. Glaubwürdige Menschen mit Kompetenz, denen man vertrauen kann. An der Fassade der altehrwürdigen Universität zu Freiburg, 1457 gegründet, leuchtet golden deren Wahlspruch, in Stein gemeißelt: »Die Wahrheit wird euch frei machen.« Das ist mehr als »Dem lebendigen Geist« an »meiner« Uni Heidelberg. Das ist weder altgriechische Philosophie noch humanistischer Liberalismus oder deutsche Klassik, geschweige denn Marxismus oder Islam. Das ist ein Zitat von Jesus Christus (*Johannes-Evangelium* Kapitel 8, Vers 32). Zweitausend Jahre alt – und doch topaktuell. Von dem, der von sich gesagt hat: »Ich bin der Weg, die Wahrheit und das Leben« (Joh. 14, 6). Ich wüsste nicht, woran ich sonst Maß nehmen sollte. Mancher wird nun sagen: »Na ja, wer's glaubt, wird selig.« Wenn Sie das denken, dann haben Sie alles verstanden.

Zwei Spiegel-Bestseller in einem Band

Peter Hahne
NICHT AUF UNSERE KOSTEN!
Aufstand gegen Lug und Trug der Eliten

256 Seiten
ISBN 978-3-404-07005-3

Wichtig vor allem in Corona-Zeiten: Peter Hahne schreibt Klartext – und entlarvt die Dummschwätzer und Blender unserer Zeit. In seinen Bestsellern SCHLUSS MIT EUREN EWIGEN MOGELPACKUNGEN und SEID IHR NOCH GANZ BEI TROST bringt er die dreisten Lügen aus Politik und Gesellschaft auf den Punkt und bezieht klare Stellung. Er mahnt: Wir dürfen uns nicht für dumm verkaufen lassen, müssen Probleme benennen und wieder fair und ehrlich zueinander sein. Nun gibt es die beiden Bestseller endlich in einem Taschenbuch.

Quadriga